名师工程

教研提升系列 主编｜朱德全 罗生全

U0665186

教

竹艳 龚坚／主编

体育教师课堂管理

结构 实施 评价

西南大学出版社

国家一级出版社 全国百佳图书出版单位

图书在版编目(CIP)数据

体育教师课堂管理:结构 实施 评价 / 竹艳,龚坚主编. -- 重庆:西南大学出版社,2024.6

ISBN 978-7-5697-1460-9

Ⅰ.①体… Ⅱ.①竹… ②龚… Ⅲ.①体育教学—课堂教学—教学研究 Ⅳ.①G807.01

中国版本图书馆CIP数据核字(2022)第174659号

体育教师课堂管理——结构 实施 评价

TIYU JIAOSHI KETANG GUANLI——JIEGOU SHISHI PINGJIA

竹 艳 龚 坚 主编

责任编辑:文佳馨

责任校对:张 琳

装帧设计:闽江文化

排 版:王 兴

出版发行:西南大学出版社(原西南师范大学出版社)

网址:http://www.xdcbs.com

地址:重庆市北碚区天生路2号

市场营销部电话:023-68868624

邮编:400715

印 刷:重庆新生代彩印技术有限公司

成品尺寸:170 mm×240 mm

印 张:14.5

字 数:240千字

版 次:2024年6月 第1版

印 次:2024年6月 第1次印刷

书 号:ISBN 978-7-5697-1460-9

定 价:68.00元

中央高校专项资金资助重大培育项目"体育专业学生课堂管理能力提升的微课+慕课推广研究"(SWU1909225)阶段性成果

西南大学附属中学卓越教师培养对象研修项目建设专项资助

西南大学附属小学卓越教师培养对象研修项目建设专项资助

《体育教师课堂管理——结构 实施 评价》编委会

主　编:竹　艳　龚　坚

副主编:涂泳华　刘大均　何凌辉

编　委:(按姓名笔画排序)

万李佳　王钰滢　刘　莉　刘晓龙

杜欣蕊　李　丹　杨林俐　杨雨薇

杨　倩　杨凌云　汪洪耀　陈　位

陈　灵　陈　鹏　金雅倩　周　瑶

桑美玲　黄万书　董家志　温　星

序

　　课堂管理是构成教学活动的重要动力因素,是课堂系统的重要组成部分。课堂管理作为一种客观存在,有着悠久的历史,是一个非常古老的话题。因为从最广泛的意义而言,自从有了学校教育,也就相应地产生了教学活动的场所和情境,同时也就有了课堂管理的最初形态。同样,有了课堂,也就产生了教师对于课堂活动的运作方式以及相伴而生的各种行为,这些都属于课堂管理的范畴。但是,在较长的时期里,教育先哲们并没有对之进行系统的研究,最多也就是对这一问题发表一些简短而精彩的言论,借以传递他们朴素直接的经验。

　　20世纪初,世界各国掀起了如火如荼的现代教育革新运动。此时,"课堂管理"仍然没有出现在教学专业词汇里。20世纪中叶以后,科技的迅猛发展和国际竞争的加剧,加快了教育变革和发展的进程,促进了教育科学研究的繁荣发展。教育科学研究触角的极大延伸,激发了教育学科的融合、分化、碰撞和消长。因此,课堂管理作为专门的研究领域逐渐开始受到人们的关注,继而发展成为国际学术界关注的新兴研究领域。课堂管理主要以教学论、教育社会学、教育心理学、教育管理学等多种学科的研究成果为基础,着重探讨课堂管理对课堂教学的意义与影响,以及课堂管理的模式与策略。课堂管理的发展进一步引起了课堂教学的变革,并对教育发展产生了积极而深远的影响。

　　20世纪60年代,国外开始对课堂管理进行系统研究,尤其在20世纪70年代后,人们对课堂管理越来越重视,不仅在理论层面上总结出了多样化的课堂管理理论和多种课堂管理模式,而且在实践层面上将研究成果广泛运用于教师的培养和培训中,使其成为提高教师专业素质的重要手段之一。

我国课堂管理研究的初创阶段,主要是对国外相关研究进行介绍,并未进行本土化的系统全面的研究。20世纪80年代以来,我国学者关于课堂管理的研究开始越来越多地见诸各类书籍。但是,大多数的研究也只是从某一侧面或者某一层次切入,缺乏把课堂管理当作一个整体的动态过程的研究,同时也缺乏对课堂管理系统科学的认识。在当前的教师培训中很少看到有关课堂管理方面的课程,也很少看到把课堂管理作为专题进行讲授培训的。由于受整个学术环境的影响,我国学者对体育教师课堂管理的相关研究聚焦体育教师体育课堂管理的理论、体育课堂管理者的条件、体育课堂管理的内容、体育课堂管理的技巧等方面。已有的研究文献尚未把体育教师课堂管理作为一个整体,也没有站在较高的理论层次上进行研究。同时,在已有的研究中也缺乏从系统论的视角切入,研究体育教师的课堂管理能力的观点。因此,把体育教师的课堂管理能力作为一个系统,上升到理论的高度,探讨其结构、实施、评价,以指导体育教学实践,既具有理论的前沿性,同时也具有实践的必要性。

写作目的

近年来,关于课堂管理的理论研究和实践不断发展,主要著作有《课堂管理论》《全面课堂管理——创建一个共同的班集体》《健康课堂管理》《课堂管理的技巧》《新课程与课堂管理》《卓有成效的课堂管理》等,此外还有大量的论文也对课堂管理进行了较深入的研究。但遗憾的是,对体育教师课堂管理能力提升的策略和方法研究显得较为单一和零散,缺乏可操作性。随着新一轮课程改革的深入和基础教育改革的推进,以及各种全新教育理念的提出,公众和教师更加关注学生的行为问题,体育教师的课堂教学、管理面临着巨大的挑战,以至于很多体育教师在应对新课程改革时无从下手。因此,只要有相关的新点子出现,一些体育教师马上就将其当作"灵丹妙药",迅速地运用于实际教学中。然而,已有研究中的许多论述只是针对课堂教学、课堂管理的某一方面,缺乏整体的把握和全面的指导,并不能系统科学地帮助广大一线体育教师解决课堂教学、管理中的实际问题。《体育教师课堂管理:结构 实施 评价》一书旨在梳理前沿的科学的课堂管理理念和课堂管理原则,提出切实可行的课堂管理实施的策略和技巧,帮助一线体育教师开阔视野,科学准确地理解体育课堂中教师和学生的定位,帮助体育教师实施有效的课堂管理,尽可能地为学生营造和谐、愉快、健康、高效的课堂氛围,为体育教学工作的顺利开展提供强有力的保障。

本书写作特点

本书写作目的明确,针对性强。在编写过程中,笔者秉承实用性与可操作性的原则,对资料进行必要的取舍,对内容进行科学的编排。本书在剖析必要的理论知识的基础上重点关注实践层面的方法策略解析,通过知识链接和案例介绍等形式实现理论与实践的有机结合,以期为广大一线体育教师课堂管理能力的提升提供有价值的帮助。

前　言

　　体育教师课堂管理是教师课堂管理的分支学科,是体育教育学与管理学相结合的产物。本书为广大一线体育教师提供了课堂管理理念、课堂管理原则、课堂管理实施的策略与技巧等方面的知识,帮助他们开阔体育课堂管理的视野,以崭新的思维和角度理解体育课堂中教师和学生的定位;帮助体育教师实施有效的课堂管理,营造出和谐、愉快、健康、高效的课堂氛围,为体育课堂教育、教学工作的顺利开展提供强有力的保障。

　　本书在编写过程中秉承的一个原则,就是要凸显本书的实用性和可操作性。在资料的收集、整理过程中,我们根据此原则对内容做出了一定的取舍。对广大一线体育教师有用的、便于操作的内容就多写,没有针对性的、不易操作的内容就少写,或者不写。特别是在对方法和策略的阐述中,通过一些知识链接和案例介绍,实现了理论与实践的有机结合。

　　本书由八章组成。第一章到第三章主要从理论层面分析了体育教师课堂管理的相关概念以及管理内容和组成要素;第四章到第五章从实践层面对体育教师课堂管理的原则与行为以及课堂管理实施的相关内容进行了探讨;第六章到第七章对体育教师课堂管理的评价和体育教师课堂管理能力的培养与提高进行了全方位的、紧扣实践的阐述;第八章专门对体育教师课堂管理的实践案例进行集中的展示与分析。本书逻辑清晰,深入浅出,紧扣实践,将有助于读者更好地理解体育教师课堂管理的相关理论知识,并有效指导和帮助体育教师,使其课堂管理能力不断精进,切实解决体育教师课堂管理中的实际问题。本书由竹艳(四川农业大学)和龚坚(西南大学教师教育学院)主编。全书的编写分工如下：第一章到第三章由龚坚、竹艳、涂泳华、杨雨薇、汪洪耀(贵州医科大学)、王钰滢、黄万书编写，第四章到第五章由何凌辉、温星、桑美玲、周瑶、陈灵、陈鹏编写，第六章到第七章由刘莉、金雅倩、杨倩、李丹、刘晓龙、杨凌云编写，第八章由刘大均、杜欣蕊、万李佳、杨林俐、董家志、陈位编写。全书最后由龚坚修改和统稿。

目　录

第一章　体育教师课堂管理概述　　　　　　　　　　　　　　　1

第一节　体育教师课堂管理的内涵　　　　　　　　　　　　　1

一、课堂的内涵及演变　　　　　　　　　　　　　　　1

二、管理的内涵及演变　　　　　　　　　　　　　　　4

三、课堂管理的内涵及演变　　　　　　　　　　　　　7

四、体育教师课堂管理的内涵　　　　　　　　　　　　10

第二节　体育教师课堂管理的类型与特点　　　　　　　　　　11

一、体育教师课堂管理的类型　　　　　　　　　　　　11

二、体育教师课堂管理的特点　　　　　　　　　　　　15

第三节　体育教师课堂管理的功能与作用　　　　　　　　　　18

一、体育教师课堂管理的功能　　　　　　　　　　　　19

二、体育教师课堂管理的作用　　　　　　　　　　　　21

第二章　体育教师课堂管理的内容　　　　　　　　　　　　　25

第一节　体育课　　　　　　　　　　　　　　　　　　　　　25

一、体育课的概念及特点　　　　　　　　　　　　　　25

二、体育课的类型及结构　　　　　　　　　　　　　　28

第二节　体育教师课堂管理理念　　　　　　　　　　　　　　34

一、体育教师在课堂管理中的角色及职业特性　　　　　35

二、体育教师课堂管理理念　　　　　　　　　　　　　38

三、对体育教师课堂管理理念的反思　　　　　　　　　41

第三节　体育教师课堂管理应具备的综合能力　　　　　　　　43

第三章　体育教师课堂管理的要素　　51

　第一节　体育教师课堂管理的要素体系分析　　51

　　一、体育教师课堂组织与管理　　51

　　二、体育教师课堂管理的要素维度　　52

　第二节　体育课堂教师的自我管理　　56

　　一、体育课堂教师的自我管理行为产生的原因　　56

　　二、体育教师的自我管理行为　　59

　　三、如何提高体育教师自我管理的能力　　63

　第三节　体育课堂对学生的管理　　64

　　一、对学生身体发展规律的认识　　64

　　二、对学生心理发展规律的认识　　68

　　三、对学生体育课堂问题行为的认识　　71

　　四、体育教师对学生的管理原则　　73

　第四节　体育课堂对教学内容的管理　　76

　　一、教学内容的内涵及选择　　76

　　二、教师对教学内容的过程管理　　79

　第五节　体育课堂对环境的管理　　82

　　一、对时间的管理　　82

　　二、对场地、设备的管理　　83

　　三、对环境的掌控　　83

　　四、体育课堂气氛的营造　　84

第四章　体育教师课堂管理的原则与行为　　87

　第一节　体育教师课堂管理原则　　87

　　一、体育教师课堂管理的决策性原则　　87

　　二、体育教师课堂管理的协调和沟通性原则　　91

　　三、体育教师课堂管理的激励性原则　　94

第二节 体育教师课堂问题行为管理 98

　一、行为管理的相关理论 98

　二、学生行为管理 99

　三、课堂问题行为的含义 100

　四、课堂问题行为产生的原因 101

　五、课堂问题行为容易出现的时间 105

　六、课堂问题行为的特点 106

第五章 体育教师课堂管理实施 109

第一节 体育教师课堂管理实施的依据 109

　一、体育教师课堂管理实施的理论依据 109

　二、体育教师课堂管理实施的现实依据 115

第二节 体育教师课堂管理实施的原则 118

　一、主体性原则 118

　二、因材施教原则 119

　三、情感性原则 120

　四、民主愉悦原则 121

　五、激励性原则 122

第三节 体育教师课堂管理实施的策略与方法 123

　一、体育教师课堂管理实施的策略 123

　二、体育教师课堂管理实施的方法 126

第六章 体育教师课堂管理评价与评价方案的设计 131

第一节 体育教师课堂管理评价 131

　一、何为体育教师课堂管理评价 131

　二、体育教师课堂管理评价与相关概念界定 141

第二节　体育教师课堂管理评价方案的设计　144

一、体育教师课堂管理评价方案的设计程序　144

二、体育教师课堂管理评价指标体系的设计原则和结构　149

三、体育教师课堂管理评价指标体系的内容　154

四、体育教师课堂管理的评价量表和标准　160

第七章　体育教师课堂管理能力的培养与提高　167

第一节　加强体育教师课堂管理的师资构建　167

一、加强理论学习　168

二、树立创新意识　168

三、培养良好的执行能力　169

四、培养勤于思考的习惯　170

五、进行专题培训　170

第二节　大力营造和谐的工作环境　171

一、实行民主管理,营造良好的民主氛围　171

二、以人为本,尊重体育教师的合理需求　172

三、制定科学的评价体系,促进体育教师的职业发展　172

第三节　树立教师的服务意识　173

一、树立教师的服务意识的积极意义　174

二、树立教师的服务意识的途径　175

第四节　建立完善的激励机制　178

一、激励的原则　179

二、激励的策略　181

第五节　对教师实施人文关怀　184

一、人文关怀环境的构建　185

二、体育教师的自我人文关怀　186

第八章　案例集锦　　　　　　　　　　　　189

案例一　　　　　　　　　　　　189

案例二　　　　　　　　　　　　193

案例三　　　　　　　　　　　　196

案例四　　　　　　　　　　　　199

案例五　　　　　　　　　　　　202

案例六　　　　　　　　　　　　206

主要参考文献　　　　　　　　　　　210

学导提示：

课堂管理是构成教学活动的一个不容忽视的重要动力因素，是课堂系统的一个"生长器官"。将体育教师课堂管理作为研究对象，对体育教师课堂管理的内涵、类型、特点、功能、作用等进行较为详细的阐述，将有利于体育教师从理论层面认识和理解课堂管理。

第一章

体育教师课堂管理概述

第一节 体育教师课堂管理的内涵

一、课堂的内涵及演变

课堂，在广义上泛指一切开展教育活动的场所，在内涵上实现了由"知识传递"向"知识建构"的转型。课堂是由教师、学生和环境三者共同形成的互动场域，是一个有着多种结构的功能体，在心理学领域、行政学领域、社会学领域扮演着不同角色并发挥着重要作用。

(一)课

"课"在汉语中有多种释义，据《说文解字》记载，课，试也，从言，果声；试，用也。《说文解字注》记载，第也，税也，皆课试引申之义。由此可知，"课"的基本含义或最初含义是"试验、考核"。例如，《管子·七法》中说"成器不课不用，不试不藏"，《汉书·京房传》中有"考功课吏"的词组。这里的"课"都是"试验、考核"的意思，后来"课"有了按国家规定数额征收赋税的引申含义，如课税。

一直到南北朝时期,才在"课"的最初含义的基础上引申出"按规定内容教授、讲习、学习"的含义。例如,南朝梁刘勰在《文心雕龙·指瑕》中提到,"《雅》《颂》未闻,汉魏莫用;悬领似如可辩,课文了不成义"。这里的"课"有推敲、考核的意思,由此引申为学习之义。《梁书·沈峻传》记载:"与舅太史叔明师事宗人沈麟士,在门下自课。"其中的"自课"即自己学习。白居易的《与元九书》也提到:"二十已来,昼课赋,夜课书,间又课诗,不遑寝息矣。"这里的"课"也是学习的意思。近代以后,随着班级授课制的产生,"课"则成为班级授课的重要概念,指把教学内容以及实现这种内容的教学手段、教学方法展开的教学活动,按学科和学年分成许多小的部分,分量不大且大致均衡,彼此连续而又相对完整。这每一小部分内容和教学活动,就叫作一"课"。同时,"课"也被看作一种跨度单位,如一节课、两节课等。另外,"课"也可以指一定的教学科目,如必修课、专业课、选修课等。

(二)堂

"堂"一直以来都有"室""房屋"之义,其本义为"殿堂",高于一般房屋,用于祭献神灵、祈求丰年等,《孟子·梁惠王上》中亦有"王坐于堂上"之说。几经演变后,泛指房屋的正厅,特别是比较正式或尊贵的房间,如"朝堂""佛堂""厅堂""堂屋"等。也作量词,用于分节的课程或一套物件。如,一堂课、一堂家具。

(三)课堂

把"课"和"堂"联系起来组成"课堂"一词是班级授课制的教学组织形式传入我国后才出现的。这一方面是由班级授课制的特点决定的,通常班级授课制的形式主要表现为教师在固定的场所、特定的时间对学生进行授课,需要一个相对稳定的场所开展教学活动;另一方面是因为一直以来我国推崇尊师重道,所以把教师上课的地方称为"堂"。"课"和"堂"二字的含义合起来,即专指进行教育教学活动的教室。

(四)课堂发展历程

从课堂形态的纵向发展演变来看,课堂经历了由原始形态到单一形态,然后再到综合形态的演变发展过程。在古希腊和古罗马时期,人们通过辩论、对话和演讲等方式进行知识传授。中世纪时期,欧洲出现了以教师为中心的课堂教学模式,教师成为知识的权威,学生被动接受知识。随着工业革命的兴起,近代教育开始注重科学知识和实用技能方面的培养。课堂教学开始引入实验和演示等方法,同时也出现了分组教学和讨论式教学等模式。课堂原始形态和单一形态发展演变的分界点是在19世纪。19世纪前,由于受教育机会不均等、教学内容单纯、教学形式简单的制约,教育活动的形式仅仅是施教者和受教者之间直接的线性关系,因而课堂往往以一种直线式的原始形态呈现出来。19世纪初,伴随着教育的普及和教育内容的丰富,教育逐渐制度化,诞生了"班级"教学形式。教师和学生之间发生了一些变化,他们不再是一对一的教学,而是教师同时要面对几十位学生进行教学。此时,虽然教学对象变得更加多样,但是对他们的要求通常还是采用"一刀切"的形式,尚未出现根据学生特点而采用不同要求的形式。因此,这一时期的课堂形态虽然有了变化,但仍较单一。后来,随着社会的发展,对教育的要求也越来越高,整个教育形态也处在不断的发展变化之中。现在的班级教学与19世纪初的班级教学相比有了根本性的变化,不仅具有了集体教育(或团体教育)的性质,更具有了多元教育的性质。未来的班级教学还有根据学生的特点进行量身定做的趋势,并且提供给学生更多参与实践的机会,做到理论与实践相结合。课堂教学也逐渐发展为一种体现多元文化,具备多种功能,完成多种任务的复杂的综合形态。

　　课堂泛指一切教育活动的场所,但是不能简单地把课堂理解为教室,因为课堂与教室有着本质的差别。课堂是由教师、学生和环境三者共同形成的互动的场域,是一个有着多种结构的功能体。在心理学领域,课堂原本就是集体指导学生进行读、写、算等各种学习的一种组织,同时它也是培养人类心智的互动环境;在行政学领域,课堂是教师教学、学生学习的主要阵地,因此课堂是学校管理中不可缺少的重要组成部分;在社会学领域,课堂就是一个社会的缩影,是一个微型的社会;在生态学领域,课堂被视为一个不断变化的有机实体。基于生态的教育理念和方法,以学生的成长为核心,进而优化教师与学生之间的关系,构建一个和谐的生态共同体,这是教师和学生共同参与教学活动的关键途径。教师、学生、环境之间关系的不断变化和相互之间的矛盾冲突构成了课堂这个微型的系统,也影响着这个系统正常的运转和功能的实现。[①]因此,课堂不仅是教师和学生聚合的一个物理空间,更是蕴藏着教师与学生之间复杂多变的情景互动的一个特殊社会组织,它是一个充满生机和活力的系统,具有鲜活的生命取向。新的教学观主张,任何现象都不是孤立地发生的。倘若认为,课堂教学(课堂学习)是在独立于课堂学习的种种因素之外的情景中进行的,那就远离了现实的教学情景。课堂是一个实践场。首先,在课堂中的师生关系并不是理论中师生作为课堂基本要素之间的关系,而是在实践中教师的教学行为和学生的学习行为之间的关系,是一种实践的关系。[②]

二、管理的内涵及演变

所谓"管理",就是在对管理的概念和管理理论的认识及理解的基础上,各级管理者在执行计划、组织、领导和控制等基本职能的过程中,通过优化配置和协调使用组织内的人、财、物、信息等资源,从而有效地实现组织目标的过程。

(一)管理的概念

"管理"(manage)一词最早来源于拉丁语"Manus",在拉丁语中的意思是"以手领导",但也有"权力"和"权限"的深层含义。在16世纪,它的意思是驯马,到18世纪早期,它的意思是诡计和骗术。后来经过不断演变发展,"管理"的意思逐渐引申为控制和指使、使人服从、小心处理及执行任务以达到目标等多种含义。在中文中,管理一词通常分开来看。管一般是指竹管制成的乐器,后来由于古代的钥匙跟管造型很像,便把钥匙称作"管"。又因为钥匙是开锁的关键,具有约束的性质,后来便引申为管理的意思。"理"这个字最开始是用来描述玉石的加工过程的,但后来人们也开始称呼"理"为对普通百姓的管理。《现代汉语词典》(第7版)对"管理"的解释有三种:一是"负责某项工作使顺利进行";二是"保管和料理";三是"照管并约束(人或动物)"。"管理"作为一种思想,自古以来就存在,最早可以追溯到苏美尔人和古埃及金字塔的建造,它是从现实和日常生活中总结提炼出来的,因为在人类社会的出现之初就存在着

---

① 陈时见.课堂管理论[M].桂林:广西师范大学出版社,2002:3.
② 罗慧.小学教师教学情感的生成——发生在课堂场域中的教师专业成长[D].桂林:广西师范大学,2016.

分工合作的形式。例如,不同工作之间的水平分工,不同人群之间的垂直分工,这就是组织管理的最初形式。尽管在这个时期它不是成熟的思想,也不是完整独立的思想形态,但它处于"管理"的萌芽阶段。在此后很长一段时期中,"管理"的概念不断发展演变,到19世纪末20世纪初,工业化的发展和科学技术的突飞猛进,使得人们对组织和管理的认识有了突破性的发展,不断采用一些新的方法和思想对管理问题进行思考。这一时期,"管理"这个术语的含义就逐渐趋于今天所说的含义了。20世纪80年代后,管理的方向发生了变化,由最初以技术的管理为基础逐渐发展到以人的管理为基础。伴随着管理实践的发展和丰富,人们对管理理论的研究也开始出现,逐渐形成了各种不同的管理理论流派。

(二)管理理论简介

管理已经存在了几千年,许多相关文献成为当代管理的奠基之作。古代的一些军事兵法策略也为世俗管理人士提供了参考资料。例如,公元前6世纪,孙武所著的《孙子兵法》强调知己知彼,百战不殆。还有许多人编写"王者明镜"的书籍,旨在劝谏新君王如何治理国家。这些书不仅涉及战争谋略方面,也涉及政治、经济和外交等领域。例如,印度的考底利耶所著的《政事论》,以及意大利作家尼可罗·马基亚维利所著的《君主论》。最早的管理理论是19世纪末20世纪初由泰罗、法约尔和韦伯创立的。其中,泰罗以科学管理理论著称于世,法约尔和韦伯的理论被称为组织理论,人们把他们的理论统称为古典管理理论。古典管理理论盛行于1910—1935年,对当时的教育管理产生了很大的影响。泰罗在总结长期试验研究成果的基础上,提出了科学管理的四条原则,分别是:①对人的劳动的每种要素规定一种科学的方法,用以代替陈旧的凭经验管理的方法。②科学地挑选工人,然后进行训练、教育,发展他们的技能。③与工人合作,保证所有工作都能按已发展起来的原则进行。④在管理和工人之间,工作的分配和责任的分担几乎是均等的。其管理理论对工厂企业的生产活动有着非常大的影响,有效地提高了工业生产的效率。法国企业家法约尔提出了管理工作的五种职能,即计划、组织、指挥、协调和控制。同时,他认为管理有预测、计划、组织、领导、协调、掌控六大作用。韦伯的观点与法约尔相似,他提出了著名的"层峰组织结构"理论,认为理想的行政组织机构应该具有五个特点:分工明确,职责到人;制度健全,工作协调;形成自上而下的管理体系;理性地工作,不掺杂个人感情;建立健全的组织人事任用制度和体系。

20世纪30年代中后期至70年代中期,是人际关系理论和行为科学理论盛行的时期。人际关系理论的代表人物是梅奥,他认为:①职工是社会人而不是单纯的经济人,只有从社会和心理方面去激励职工才能提高劳动生产效率;②企业中除了有正式组织外,还应有非正式组织存在,只有把二者有机地结合起来,才能保证生产效率的不断提高;③领导人的领导能力能够平衡组织之间的经济和社会需要,领导人能运用各种方法激励员工。行为科学管理理论主张将管理中心由管理"事"转化为管理"人",突出人的主体地位,重视内外部各种因素对人的行为的影响。[①]

此后,新的管理理论不断涌现,主要有社会系统理论、社会技术系统论等,并逐渐形成了一些流派,如职能论、目的论、系统论、决策论、人文论、模式论等。

(1)职能论认为,管理就是实行计划、组织、指挥、协调和控制。

(2)目的论认为,管理就是为了实现预定的目的而组织和合理使用多种资源的过程。实施管理的目的就是为了给在团体中工作的人们建立一个有效的环境,以利于提高工作效率,实现经营目标。

(3)系统论认为,管理是根据一个系统所固有的客观规律对该系统施加影响,使之呈现一种新状态的过程,管理也是在组织中协调各子系统并使之与环境相适应的活动。

(4)决策论认为,决策是管理的同义词,决策过程就是管理的过程。

(5)人文论认为,管理就是指导、激励人的方法与技术的实施。

(6)模式论认为,管理就是用数学模式与程序来计划组织控制、决策等合乎逻辑的程序,以求出最优解答。

(7)批判论认为,组织及其管理发展的过程是动态变化或辩证的,管理并没有完全的中立,也不是完全听命于某个管理学权威,拒绝把自己的意志强加

---

① 薛晓敏.行为科学管理理论视角下私立中学教师管理问题研究[D].石家庄:河北师范大学,2023.

于他人的精神上。

（8）价值论认为，人类在管理实践活动中，总是要在一定的世界观的支配和制约下，产生关于管理的本质、价值和功能等方面的根本观点和态度。

虽然各个流派对管理的界定各不相同，但正是有了学者们的不同视角，对于管理的研究才逐渐建构起"管理理论丛林"。

总之，管理是运用各种策略实现目标的一种方式；管理的对象是人和物的有机结合，组织通过对人的有效管理，从而实现对物的有效管理；管理是对时间和空间以及相关的活动进行最佳的安排和运作，实现个人心理满足的过程。因此管理必须遵循一定的法则，同时也要对管理的过程、法则、对象、范围等作动态的把握，以提高管理的效率。

三、课堂管理的内涵及演变

在课堂教学中，教师除了"教"的任务外，还有一个"管"的任务，换言之，就是协调、控制课堂中各种教学因素及其关系，使之形成一个有序的整体，以保证教学活动的顺利进行。这一活动即通常所说的课堂管理。课堂管理是课堂教学活动赖以生存的基本条件，是课堂教学活动顺利实施的重要保障。

(一)课堂管理的内涵

国外学者主要是从课堂与教学的关系、课堂与环境的关系，或者以整体教育目标为管理取向来认识课堂管理的。古德和布罗菲认为，课堂管理是确立与保持有效的学习环境的过程。埃默认为，课堂管理是指一套旨在促使学生合作和参与课堂活动的教师行为与活动，其范围包括物理环境的创设、课堂秩序的建立和维持、学生问题行为的处理、学生责任感的培养和学习的指导。麦克卡斯林等人认为，课堂管理不仅诱导学生服从，而且它能够或应当促进学生自我理解、自我评价，并内化为自我控制。莱蒙奇认为，课堂管理是一种有效地挖掘学生内在潜能并推动他们学习进步的活动，目的是让学生能够充分发挥自己的潜能。使每个劳动者都能在自己的工作中得到最大程度的自由和提高。薛夫雷兹认为，课堂管理实际上是教师通过科学地运用组织结构和教学流程,将课堂塑造成一个高效的学习氛围的一种前瞻性活动和战略。约翰逊认为,课堂管理实际上是一个构建和维护课堂集体,以实现教育目的的活动。

虽然《国际教育百科全书》把课堂管理界定为"为学生参与课堂活动创造有利环境的过程",但国内对于"课堂管理"概念的界定仍处于仁者见仁、智者见智的状态。我国学者对课堂管理的概念研究多从协调各种教学因素以期达到教学目标的角度出发,如陈时见认为,课堂管理是建立有效课堂环境、保持课堂互动、促进课堂生长的过程。吴清山认为,课堂管理是教师或师生遵循一定的准则,恰当而高效地处理课堂中的人、事、物,发挥教学作用,达成教育目标的过程。根据学者杨凡的总结:皮连生的观点为,课堂管理是教师通过协调课堂内的各种教学因素而有效地实现预定的教学目标的过程;施良方、崔允漷认为,课堂管理是指教师为了保证课堂教学的效益和秩序,协调课堂中的人与事、时间、空间等各种因素及其关系的过程;陈琦和刘儒德认为,课堂管理是指教师为了有效利用时间、创造愉快的和富有建设性的学习环境以及减少问题行为等,从而采取的组织教学、设计学习环境、处理课堂行为等一系列的活动与措施。[①]尽管课堂管理概念内涵的研究成果众多,但是通过对管理和课堂两个不同术语的内涵与演变的梳理,笔者比较赞同陈时见等人的观点,即课堂管理主要指教师为营造积极的课堂环境,促进学生课堂活动的参与合作的积极性及相伴而生的所有行为,是建立适宜课堂环境、保持课堂互动、促进课堂生长的历程。[②]此外,19世纪的英国哲学家斯宾塞根据价值取向的不同,将课堂环境归为功能性价值取向、行为改变价值取向、人际互动价值取向三类,并在总结前人研究的基础上提出了第四种价值取向——引导激励价值取向。其中,引导激励价值取向是在教育变革理论和管理理论不断发展的基础上,结合人际互动价值取向的变化发展提出来的。它更多强调的是教师引导与激励,注重的是课堂管理的实效性,目的在于通过有效的课堂管理,促进学生的健康成长。

---

① 杨凡.小学体育教师课堂管理行为的结构与特征[D].北京:北京体育大学,2016.

② 陈时见.课堂管理论[M].桂林:广西师范大学出版社,2002:9.

(二)课堂管理的演变

从课堂形态的纵向发展演变来看,课堂经历了由原始形态到单一形态,然后再到综合形态的演变发展过程。由于课堂管理产生于课堂基础之上,是伴随着课堂的产生而产生的,因此课堂管理也大致经历了四个阶段。

1.课堂管理及学校管理阶段

这个阶段的课堂管理处于最初形态阶段。这一阶段课堂的主要特征是单一的课堂教学模式,教师和学生之间是直线型的教学模式,所以这时的课堂管理就是教师对学生的直线型管理。这时的学校仅仅由一位教师和为数不多的几位学生组成,因此教师既是课堂的管理者,也是学校的管理者。

2.班级制的课堂管理阶段

19世纪初,伴随着教育的普及和教育内容的丰富,教育逐渐制度化,诞生了"班级制"教学形式。班级制的出现带来的最大的变化就是教师面对的不再是几名学生,而是同时面对几十名学生。由于学生之间存在个体差异,因此要求课堂管理也随之发生相应的变化。这时的学校不再是早期的学校形式,随着学校规模不断扩大,在管理过程中,学校逐步建立起了相应的管理机制与规章制度。与原始的课堂管理相比,此时的课堂管理不再以教师的个人认识和努力为基础,而是必须尊重学校的各种规章制度,在接受学校统一管理的基础上,课堂管理由关注"一般原则"转为关注"具体策略",由侧重"个人行为表现"转为侧重"组织发展"。①

3.科学体制的课堂管理阶段

通过对管理和课堂发展演变历程的回顾,我们不难看出,随着学校规模的扩大,科学技术的突飞猛进,科学的管理方法、科学的管理理论逐步被运用到教育领域,相应的课堂管理也接受了这一变革。科学化课堂管理模式逐渐被人们接受,并被运用于实践中。此时,人们对课堂管理的研究主要集中在课堂管理目标的定位上,争论的焦点主要在课堂管理的任务上,即课堂管理是以完成教学任务为导向,还是以满足个人需要为导向,抑或是以团体凝聚力为导向。

---

① 陈时见.课堂管理论[M].桂林:广西师范大学出版社,2002:35.

4.课堂管理的变革、创新阶段

随着教育改革浪潮的发展与推进,20世纪60年代以来,在课堂演进和变革的过程中出现了一些新的变化。从20世纪60年代开始,随着课堂教学改革的深入、人们对课堂管理的重视,学者开始对课堂管理进行系统的研究与总结,同时尝试采用了一些新的课堂管理方法和模式,其中以格拉塞的现实疗法、德雷克斯的目标导向法和高尔顿的教师有效训练法为代表。20世纪70年代中后期,随着行为主义教育理论的发展及其在教育实践中的运用,课堂管理也随之发生了变化,行为管理方法被广泛运用于课堂管理中,成为这一时期课堂管理的主要模式。20世纪80年代后,人们对课堂管理有了新的研究与审视。这时,对课堂管理的研究主要集中在教师组织课堂活动的技能、教师的教学以及教师与学生之间的关系等方面。①进入21世纪,课堂管理的理论得到了进一步的丰富和拓展,人们开始更多地根据各种不同的流程、任务和目标来进行管理思考。传统的课堂管理已经不能适应现代社会的需求,也越来越不能够满足学生们学习和成长的需要了。随着知识经济时代的兴起,人们对教育的重要性和功能有了更深的认识,因此对教育管理的标准也随之提高。在这样的大背景之下,课堂管理的理论逐渐转向了信息化、全球化以及创新性教育等多个方面。其中一个主要方向就是将课堂管理理论与学校实际相结合并进行创新。例如,美国教育家舒尔曼提出"教育领导力",突出了领导者在教育机构中的核心地位,以及领导者所需具备的领导技巧和品质。此外,在全球视角下,课堂管理的理论也开始在国际进行合作,并共享教育资源。

四、体育教师课堂管理的内涵

在已出版的教育词典中,至今没有找到"课堂管理"一词的相关释义,而且在已有的研究文献中也没有找到确切的定义,同样,在已查阅的文献中,也没有文献对此进行专门研究。

---

① 陈时见.课堂管理论[M].桂林:广西师范大学出版社,2002:41.

因此,在已有课堂管理研究的基础上,通过对课堂管理内涵的理解和对已有课堂管理研究的梳理,结合体育学科教学的实际性和特殊性,本书将体育教师课堂管理作如下界定:体育教师课堂管理,是指体育教师为营造积极的课堂环境、保持课堂互动、促进课堂生长,采用积极有效的管理手段对学生课堂行为进行引导,促进学生体育课堂活动的参与合作,实现学生自我管理与教师自我管理的有机结合,从而提高课堂管理效率,实现教学目标、任务的过程。

由于体育课堂管理属于课堂管理的下位概念,因此,体育课堂管理同样经历了课堂管理的发展历程,即课堂管理及学校管理阶段,班级制的课堂管理阶段,科学体制的课堂管理阶段和课堂管理的变革、创新阶段。

第二节　体育教师课堂管理的类型与特点

体育教师是学校体育教学和体育活动的组织者和引导者,而体育课堂则是教师工作的主阵地。在理解体育教师课堂管理概念的基础上,本书接着对体育教师课堂管理的类型与特点进行分析,研究认为体育教师课堂管理有下面十种类型,而体育教师课堂管理体现出的不同个性,都可能具有一定的特色。

一、体育教师课堂管理的类型

本书阐述了体育教师课堂管理的内涵,接着对体育教师课堂管理的类型进行分析,研究认为体育教师课堂管理的类型由放任型管理、专断型管理、民主型管理、情感型管理、理智型管理、兴趣型管理、行为型管理、教导型管理、人际关系型管理和恐吓型管理组成。

(一)放任型管理

放任型的体育教师课堂管理的典型特点,就是教师管理意识淡薄,工作的责任心不强,在课堂上常常表现为只顾讲课,完成自己预定的教学任务,对于课堂的教学效果、学生的学习效果、学生的问题行为等不管不顾,放任自流,漠不关心,教师也没有采取任何积极的行为来提高教学质量和学生学习效率,更谈不上运用一些切实有效的管理措施、管理方法、管理策略,来营造一种积极、健康、和谐的课堂氛围,以提高课堂管理的效率。这样的课堂管理,表面上迎合了一部分学生贪玩、不接受拘束的心理,实际上是对学生不负责任的一种表现。如果大部分学生的体育学习需求得不到满足,学习动机与学习热情将会极大受挫。这时,学生往往会产生叛逆心理,表现为对体育教师的不尊重、课堂行为问题严重、在课堂上不配合教学工作等,导致教学效果不佳。

(二)专断型管理

专断型的体育教师课堂管理的最大特点,就是教师在课堂上对学生要求十分严格,不尊重学生的主体地位,"唯我独尊"。教师常常采用的管理方法就是建立和强化课堂常规,不断提出命令、要求,教师让学生做什么,学生就得做什么,否则就是对教师权威的挑战。教师对学生的行为要么实施控制,要么实行隔离。在整个教学过程中,只体现教师的个人意愿,忽视学生的实际需求。长此以往,学生的个性得不到展现,能力得不到充分发挥,学生常常表现出一种紧张、压抑、害怕的精神状态,课堂气氛沉闷,缺乏生机。学生与教师的关系紧张,不利于学生个性和身心的发展,容易导致课堂管理的形式主义倾向。

(三)民主型管理

民主型的体育教师课堂管理表现为教师尊重学生的主体地位,认真设计教学方案,充分考虑学生的兴趣爱好,为学生提供获得成功的恰当机会,激发学生学习的积极性。在教学过程中,教师灵活运用管理方法,有条不紊地让学生从一个活动转移到另一个活动,自始至终都保持较高的学习兴趣。民主型管理与前两种管理最大的不同,就是建立一种民主的课堂管理秩序,并随着周围环境的变化不断改变和重建课堂环境,使之适应课堂教学的需要。在这样的课堂管理环境中,学生得到了相应的尊重,心情愉悦,注意力集中,学习兴趣浓厚,课堂气氛融洽、和谐,大大提高了课堂管理的效率。

(四)情感型管理

情感型的体育教师课堂管理通常表现为教师根据学生的情感需要,利用对学生的"爱"实施课堂管理。教师在课堂上语言得体、表情亲切,善于发现学生的优点,对学生取得的进步给予表扬和认同,关心他们的心理需要、情感需要,使学生不断获得愉快的情绪体验和成就感。当教师发现学生违纪等行为,能够及时给予引导、指正,而不是一味地实施控制或隔离,并且向学生传达出真诚理解和接受的态度。在这样的课堂中,师生之间始终洋溢着浓厚的感情,师生关系融洽,学生在教师的关心和爱护下不但学到了知识,而且思想品质和道德情操也得到了提高。

(五)理智型管理

理智型的体育教师课堂管理的主要特点,就是体育教师在教学过程中,教学思路非常清晰,教学目标非常明确,对教学过程每个细节都安排得科学、严谨、有条不紊。同时,教师能够根据教学内容的变化采用不同的教学方法和手段。什么时候讲解、什么时候练习、什么时候让学生自己思考、什么时候给予指导等,都安排得十分恰当。并且,教师能根据教学过程中的实际教学情况及时调整自己的教学安排,也能根据学生的表情、态度、行为反馈等,灵活运用一些相关的管理方法,调动学生学习的积极性。这种课堂管理体现的是体育教师娴熟的课堂管理技巧和高超的教学技能技巧,以及教学活动安排的科学性。但是,这种课堂气氛显得较为庄重和严肃,缺少生机。

(六)兴趣型管理

兴趣型的体育教师课堂管理的主要特点,就是体育教师善于运用高超的艺术化教学手段,激发学生的兴趣和陶冶学生的美感。这种课堂管理类型在形体、健美操、艺术体操等课堂教学中是较为常用的。在课堂教学过程中,体育教师常常利用形象的语言、从容的教态、优雅的音乐、娴熟优美的示范动作和多变的教学节奏,把所要教授的内容生动形象、有趣地表现出来,整个课堂具有美感,使学生注意力集中,学习兴趣浓厚,自觉地跟着教师的教学走,在学习过程中获得"美"的享受,从而轻松实现课堂管理。

(七)行为型管理

行为型的体育教师课堂管理建立在行为心理学基础之上,主张不论是良好的行为还是不良的行为,都是通过学习而获得的。学生之所以出现不良的行为,有可能是因为其已经习得了不良的行为。这一课堂管理模式主张两个基本的假设,即学生受行为过程的制约和学生在很大程度上受环境的影响,所以,教师的任务在于掌握和运用行为主义原则,对期望的行为进行积极强化,对非期望的行为进行消极强化。行为型课堂管理十分注重榜样的力量以及心理辅导的作用。

(八)教导型管理

教导型的体育教师课堂管理,即教师仔细设计和实施教学方案,能够预防和解决大多数相关课堂行为问题的一种管理模式。有效的行为管理,能够最终促进高质量教学效果的产生。教师的作用在于通过教学设计,使教学变得非常有趣、易于接受并具有较强的导向功能。教导型课堂管理比较看重课程教学设计、学生的能力以及兴趣的培养等,注重教师明确而积极的学习指导。这种类型要求教师具有全局观,对教学内容、教学目标、学生等有细致的了解。

(九)人际关系型管理

人际关系型的体育教师课堂管理是一种以促进学生个体发展、维护和谐课堂氛围为主要目标的课堂管理模式。具有三个特点。其一,以学生为中心,强调学生的主体地位,关注学生的需求、兴趣和潜能,从而激发学生的学习积极性。其二,强调团队合作与互动,通过策划各种教学活动,激励学生间的合作与沟通,旨在培育学生的团队合作精神和沟通技巧。其三,重视情感交流,强调建立健康的师生和同学关系。在这种模式下,体育教师注重与学生建立真挚和相互信任的关系,并关注他们的情感需求,以便形成积极互动、共同进步的教学环境。这种管理模式有助于提高学生的学习兴趣和积极性,培养学生的综合素质,促进学生的全面发展。

(十)恐吓型管理

恐吓型管理与专断型管理有些相似,都在强调教师的权威作用,强调有效地管理儿童在学习过程中的各种行为。不同于专断型的体育教师课堂管理,恐吓型的体育教师课堂管理更倾向于使用各种威胁和恫吓的手法,包括但不限于讽刺、嘲笑、强迫、威吓等,迫使学生在恐惧中遵循课堂的规矩,否则他们将面临处罚。这种管理模式会损害教师与学生之间的信赖与尊重,使学生感受到压力、失落和紧张,产生消极的心态,从而降低他们的学习激情和主动性,甚至对他们未来的学业表现和个人成长产生持续的影响。这是一种不健康且不值得推崇的管理模式。

二、体育教师课堂管理的特点

(一)追求最佳教育教学效果

追求最佳的课堂教育教学效果是体育课堂管理的出发点和归宿,也是体育课堂管理日益引起人们重视的重要原因。在传统的体育教育教学过程中,教师较少顾及课堂教育教学的效果,也较少运用课堂管理的技巧和策略,致使体育课堂教育教学效果不佳。随着人们对体育课堂管理重要性认识的日益提高,人们对通过课堂管理获得最佳体育教育教学效果的期望值也越来越高,并通过不断采取切实有效的措施来提高体育课堂教育教学的效果。向课堂要质量、向课堂要效率的观念,充分体现了体育课堂管理对最佳的课堂教育教学效果的追求。

(二)课堂管理的宗旨体现教育性

体育教师课堂管理的过程就是对学生进行体育教育,传授体育知识、技术、技能的过程。它对学生的影响可能是直接和明显的,也可能是间接和潜移默化的。体育教师课堂管理的目标是依据教育方针、学校整体规划与要求以及体育教学特殊性而制定的。课堂管理目标的实现,也是学校教育目标的实现,所以体育课堂管理活动必然是一种教育活动。无论是体育课堂管理活动的设计,课堂活动的开展,还是课堂活动的具体安排,都体现出对学生的教育作用,体现出人们对学生身心健康和谐发展的关注。课堂管理的这一特点,既说明体育课堂管理的教育意义,也体现体育课堂管理的宗旨。

(三)课堂管理内容的全面性

体育课堂管理虽然物理空间较为固定和单一,主要是在学校领域内开展,但其内容非常广泛和丰富,具有全面性。这种全面性主要体现在课堂管理涉及面广,具有小而全的特点。在体育课堂上,体育教师要对教学内容进行一定的取舍,做到有计划、有条理地组织教育教学工作,顺利完成既定的教学任务,既实现体育教师的自我管理,也实现对学生的管理。体育教师面对的是活生生的、有着个体差异的学生。因此,教师要时刻注意每个学生在课堂上的反应和表现,采用一些有效的课堂管理策略和技巧方法,对学生出现的问题进行及时处理,激发学生参与体育活动的兴趣,充分调动他们的积极性,为取得较好的体育教学效果提供保障。此外,体育教学具有特殊性,教学大多是在室外进行的,受外界环境的影响较大,因此这就要求体育教师必须对周围环境进行管理,具备应对随机事件的能力,为体育课堂教学顺利进行提供一个良好的外界环境。由此可见,体育教师课堂管理内容不仅多,而且细。随着素质教育的提出和新一轮基础教育课程改革的推进,课堂管理的内容会更加丰富,范围也会不断拓宽,对每一个体育教师提出更高的要求。

(四)课堂管理对象的发展性

体育教师课堂管理的对象是学生,而学生是一个个不断变化发展的个体。也就是说体育教师面对的是一群处于不断变化和发展之中,具有个体差异的学生。学生的这种不断变化和发展的特性给体育教师课堂管理带来了诸多挑战,也给体育教师展示其课堂管理能力提供了舞台。因此,它要求体育教师课堂管理要融教育、引导、辅助、规范于一体,避免教学走入成人化管理模式的误区。此外,在体育课堂管理中,体育教师还要对学生的身心发展特点有一定的了解和掌握,在制定学习任务或练习任务时,不能提出过高或过低的要求,避免在体育课堂管理中出现主观随意性和不负责任的行为。

(五)课堂管理手段的多样性

课堂管理因其对象的特殊性,必然要求教师要注意管理方法的选择和运用。在体育课堂管理中可以运用的策略和方法很多,但是在选用的时候,必须根据课堂教学内容、学生的实际情况来选取不同的方法。在课堂管理中,由于学生之间差异性的存在,必然要求体育教师在实施课堂管理的时候要对具体问题进行具体分析,面对不同的对象要采取不同的课堂管理方法和手段。此外,在运用一些课堂管理的策略和方法的时候还要有所创新,不能每次都采用同样的策略和方法。在千变万化的课堂教学中,教师能够从容处理课堂的突发事件,适应不断变化的课堂环境和学生的发展变化,从而取得最佳的课堂管理效果。上述内容体现了体育教师课堂管理手段的多样性。

(六)课堂管理的规范性

课堂管理突出规范性,主要表现为制定严格而科学的课堂常规。课堂常规是学生进入课堂、参与课堂各项活动时都应该遵守的一系列制度。体育课堂教学和教学环境的特殊性,决定了体育课堂管理最主要的目的就是要建立一种保证课堂教学能够顺利进行的课堂行为准则。该准则是师生都必须遵守的章程,就像人们常说的"没有规矩,不成方圆"。课堂管理的规范具有以下特点。首先,课堂管理的规范具有一定的层次性,主要指的是有些课堂管理的规范是全国统一的,适用于所有的学校,而有的只在某个区域适用,具有区域性。其次,课堂管理的规范具有多样性,主要表现为它几乎涵盖了所有的内容,包括一些程序规范、安全规范等。

课堂管理的规范是维持课堂正常活动不可缺少的东西,但是它必须以管理为支撑,否则效力将会"打折"甚至失效。因此,这需要体育教师具有课堂管理的智慧,讲究管理艺术,做好必要的准备工作。例如,教师要引导学生正确认识课堂管理的规范的重要性,帮助他们形成遵守课堂管理的规范的意识,从而形成体育课堂管理的规范性。

(七)课堂管理的灵活性

课堂管理不仅需要规范性,同时也需要灵活性,这不仅是体育教师课堂管理智慧和艺术的体现,也是体育教师长期以来教学经验和课堂管理经验积淀的体现。课堂管理的灵活性反映的是体育教师随机应变处理课堂教学过程中出现的各种问题和行为事件的能力,这种能力是体育教师课堂管理艺术的集中体现。

体育教师进行课堂管理,面对的是活生生的学生,他们都有着复杂的心理活动,教学过程中随时都有可能出现各种预料不到的情况。所以,这要求体育教师在面对这些情况的时候,必须运用课堂管理的智慧去灵活、巧妙地应对和处理,使教学计划不会因此中断或者改变。课堂管理的灵活性不是单一的技能,它是体育教师在课堂教学过程中所表现出来的一种综合素质和水平,体现的是体育教师灵活敏捷的应变能力、清晰准确的判断能力、坚定理智的自制能力。当然,由于体育课堂教学的特殊性,课堂教学过程中的突发情况是不可预见的,如何灵活应对这些突发情况对体育教师来说存在一定的难度,这就需要体育教师不断地进行总结反思。实际上,课堂管理的规范性和灵活性是体育课堂管理的难点,在二者之间找到平衡点,是课堂管理全部艺术的体现,有效的课堂管理就是要实现二者的完美结合。

(八)课堂管理的及时性

在课堂管理中,对于课堂内出现的各种不同类型的事件,教师需要进行及时的处理。这些事件既可以表现为学生的学习行为、情绪状态等,也可表现为教师的教学态度、教学方法和手段等。

课堂教学是一种有组织、有目的、有计划的教与学的双边活动。在进行课堂教学时,体育教师不可避免地会碰到各种各样的问题和某种程度的干扰。例如,一些学生身体或精神状态不佳,经常在课堂上打盹或者发呆。如果这些问题不能得到及时的解决,很可能会导致课堂秩序混乱,甚至可能导致整个班级的学习纪律变得松散。这就要求体育教师能够在考虑到每个学生的独特情况的基础上,及时、迅速、准确地采取有针对性的措施,同时确保这些措施不会对正常的课堂教学活动造成太大的干扰,以便在最短的时间内获得最优的课堂管理效果。

第三节　体育教师课堂管理的功能与作用

系统是由一些要素共同组成的,系统要素之间不同的组成方式就形成了系统不同的结构和功能。课堂作为一个社会的微型系统,具有一系列功能。我们不仅要了解体育教师课堂管理的功能,还要发挥体育教师课堂管理的作用。因此,本节主要对体育教师课堂管理的功能与作用进行阐述。

一、体育教师课堂管理的功能

课堂管理的功能是多种多样的,由于研究的角度和立场的不同,很多学者把课堂管理的功能概括为:维持良好的课堂秩序,提供良好的学习环境,提高学生的学习效果,培养学生的自治能力,增进师生情感交流,促进学生人格成长等。[①]以上对课堂管理功能的概括和描述并没有抓住课堂管理功能的精髓,只是对课堂管理的一般功能进行了叙述。本书主要从课堂管理的基本功能、本质功能和终极功能三个方面对体育教师课堂管理的功能进行探讨。

(一)体育教师课堂管理的基本功能

课堂既是学生学习和活动的场所,也是学生健康成长的主要场所。课堂管理贯穿于整个教学活动,对学生课堂活动的效率以及教学的效果有着重要的影响。良好的课堂环境和有序的课堂秩序是保证课堂教学顺利进行的重要保障。然而,在课堂中影响教学顺利进行的主要原因往往是课堂环境受到干扰和课堂秩序混乱,这就导致课堂教学无法顺利实施。由此可见,及时地预见并排除课堂中各种影响和干扰课堂活动的外在因素,维持正常的课堂秩序是体育教师课堂管理中的重要任务。教师通过课堂管理充分调动学生参与课堂管理和建设的积极性,共同创造一个良好的课堂环境,在此基础上保持良好的课堂秩序是体育教师课堂管理的基本功能,即体育教师课堂管理的基本功能是建立和营造一个良好的体育学习课堂环境,维持有效的课堂秩序,保证体育课堂教学活动的顺利进行。

(二)体育教师课堂管理的本质功能

课堂并不是一个静态、一成不变的空间,组成课堂的各个要素都处在不断的变化之中,课堂是师生不断进行交流和互动的动态的空间。因此,课堂活动是教师和学生共同进行创造性实践的动态过程。在整个课堂中,学生与教师之间、学生与学生之间的相互作用和影响就构成了所谓的课堂互动。从这个层面来讲,课堂活动的本质就是师生之间的互动和交流,体现了彼此之间相互

---

① 陈时见.课堂管理论[M].桂林:广西师范大学出版社,2002:10.

影响和相互作用的过程。课堂互动就是课堂的本质特征,是课堂有效管理的重要标志,同时也是教师课堂管理的重要任务。由于体育课堂教学的特殊性,在体育课堂教学中师生之间、生生之间的互动和交流更为频繁,彼此之间的影响和作用更是显而易见的。随着课堂管理理论和实践研究的不断深入,改变传统体育课堂那种教师绝对权威和缺乏生机活力的课堂氛围,积极营造一种健康向上、能够激发和保持良好师生互动的课堂管理方式是现代课堂管理的核心所在。因此,我们可以将体育教师课堂管理的本质功能概括为:通过运用积极有效的管理方式,促进课堂成员之间的有效交流,激发和保持良好的课堂互动,保证体育课堂活动的顺利开展。

(三)体育教师课堂管理的终极功能

课堂活动是一种专门培养人的社会实践活动。在这个实践活动中,所包含的对象既有教育者——教师,又有受教育者——学生,他们共同构成了整个教育活动的主体。如果课堂活动离开了这两个主体,也就失去了存在的意义。对于受教育者而言,学生一生中最重要的阶段就是在学校学习、生活的阶段,在这个阶段他们由儿童走向少年,由少年走向青年,然后才走进社会。可见,这个阶段对于他们的成长来说是何等重要。而体育教育在这个阶段中发挥着重要作用,通过体育教育、教学可以增强学生的体质,保持学生身体健康,使之成为德、智、体、美、劳全面发展的,适应社会发展所需要的人才。因此,如果教师在实施体育教学和课堂管理中,不能调动各种可能的因素激发课堂活力;不能调整自己的管理角色,摒弃成见,脱离传统思维的禁锢,使课堂保持应有的活力;不能关注共享,强调交流;不能把促进学生的成长作为课堂管理的最高价值追求……这样的教师是辜负了时代、社会、学校赋予的课堂管理使命的。体育课堂活动的最终目的就是促进学生的健康成长,促进课堂的生长,从而实现学生的持续性发展,这同时也是实施体育教师课堂管理的终极目标。因此,课堂管理的终极功能总结为:激发保持体育课堂活力,促进课堂的持续性生长,为学生的持续发展创造条件。[①]

---

① 陈时见.课堂管理论[M].桂林:广西师范大学出版社,2002:16.

二、体育教师课堂管理的作用

(一)有利于强化学校内部管理

教师课堂管理作为学校管理的基本组成部分之一,与学校管理之间是部分与整体的关系。只有各部分呈现最优化状态,整体才会实现功能的最大化。所以,教师对课堂实施有效的管理,主要是为了学校的可持续发展,并为学校可持续发展积累必要的资本。学校教育质量的提高,依赖于教师。教师的形象、能力是学校的品牌,是学校无形的财富;教师水平的高低是学校竞争力强弱的一个重要参数,也是影响学校竞争力的一个重要砝码。对于体育教师而言,水平高低体现的重要方式就是教学成绩的好坏,主要表现为学生体育成绩、身体素质、运动比赛成绩等的好坏。而成绩好坏的关键就在于体育教师课堂管理能力的高低,以及课堂管理效果的好坏。因此,提高体育教师课堂管理的效果,充分发挥各部分的功能将有效提高整体的效能。

(二)为体育课堂教学提供保障

课堂是教师教学、学生学习活动的主要营地,同时也是学生个体自行建构多种行为活动的环境。教学是一种尊重学生理性思维能力,尊重学生自由意志,把学生看作是独立思考和行动的主体,在与教师的交往和对话中,发展个体的智慧潜能、陶冶个体的道德性格,使每一个学生都达到自己最佳发展水平的活动。[①]课堂管理是构成体育教学活动的重要组成部分。在课堂教育教学实践活动中,课堂管理作为教学活动的重要组成部分,是保证课堂教学活动顺利进行的重要因素,对学生的健康成长和全面发展有着不可估量的作用。同时,课堂管理也是一种规范、强化学生行为的有效手段之一。它一方面强调对学生的监督和控制,以使学生遵守课堂秩序,另一方面强调对学生的引导和激励,让他们主动参与、自主学习。课堂教学与课堂管理主要以课堂为中心展开,学生在课堂中的行为模式和行为结果直接影响着学生的发展。教师、学生和环境之间的相互作用和相互影响促进着课堂的不断变化,学生正是在这种作用、影响和变化中得到不断的发展。教学需要课堂管理,教学是目的,管理

---

① 刘黎明.教育哲学[M].郑州:河南大学出版社,2021:190.

是手段。因此,体育教师对课堂实施有效的管理,将有利于教学活动的开展,并为教育教学活动的开展提供强有力的保障。

(三)促进学生成长发展

学生在进入社会以前,有三分之二的时间都是在学校度过的,而课堂是学生在学校学习成长的主要场所,对学生的健康成长和发展起着不可估量的作用。

首先,课堂是学生学习知识、增长见闻的主要场所。学生在学校学习期间,几乎所有的时间都在不同的课堂中接受教师传授的不同知识和技能。体育是学校教育的重要组成部分,在大力提倡素质教育的今天,对体育教师而言,就是要在有限的体育课堂里向学生传授体育知识、技术、技能,让学生掌握一至两项终身受用的技术、技能,养成终身进行体育锻炼的习惯。虽然在这段学习期间所掌握的知识、技术、技能不一定能让他们终身受益,但在学生以后的成长和发展过程中,却具有坚实的理论指导意义。

其次,课堂是学生与社会接轨的主要场所。人是社会的人,社会化是人的主要标志之一。学生也是社会的人,虽然他们与学校外的社会人在一定程度上有所区别,但是,他们最终也将走向社会,成为具有普遍意义的社会人。在学校生活中,在课堂学习上,在与教师的交流中,在同学之间的沟通中,在遵守学校各项规章制度的过程中,他们不停地感受各种角色的变化,同时也承担着各种相应的责任和义务。这些角色变化是在为他们真正步入社会做准备。

最后,课堂是学生人格养成的主要场所。学校、课堂对学生人格养成的主要影响指的是学生在课堂中相互之间的熏陶,以及他们在各种活动中相互之间潜移默化的影响。在良好的课堂氛围中,在同学之间的关心、帮助下,会使学生受到极大的感染,潜移默化地陶冶他们的情操,升华他们的人格,促进他们健康、快乐地成长,从而形成正常、健康的人格。在这一点上,体育课堂对学生的影响最为明显,因为在体育课堂上学生在练习、活动时更需要相互之间的帮助、配合,体现的是一种团队精神、团队意识,这更加有利于学生形成一种积极、健康、向上的人格。

(四)体育教师课堂管理能力是体现自身形象的重要手段

通过对课堂教学实施有效的管理,教师独特的个人魅力将得以显现,教师的个人才华、综合素质在实施课堂有效管理的过程中逐步展现、提高。这样,教师就可以通过自身独特的教学方法、教学风格、仪表、言谈举止以及个人魅力,对学生产生潜移默化的作用,从而对学生产生深刻的教育影响,发挥任何惩罚和奖励制度都不可能替代的作用。因此,当我们致力于全方位地提高教育教学质量的时候,如何优化课堂管理,不断提高课堂教学的艺术水平,就成了一个亟待解决的问题。

课题探究

课题之一

探究题目:根据你的理解,谈谈体育教师课堂管理模式。

探究建议:以课堂管理的发展演进为主线进行深入思考。

课题之二

探究题目:以体育教师课堂管理形象与教学效果研究为题,写一篇3000字以上的文章。

探究建议:以体育教师课堂管理类型为线索进行深入思考。

学导提示：

本章主要从对体育课、体育教师课堂管理理念和管理方式的理解方面入手，对体育教师在课堂管理中应具备的能力和理念进行探讨。体育教师课堂管理理念的研究，必然涉及与"体育课堂""体育教师""课堂管理理念"等有关的关键词，对这些相关概念与理论进行梳理，是本书研究的起点与基础。

第二章

体育教师课堂管理的内容

第一节　体育课

一、体育课的概念及特点

体育是一门从小到大，贯穿每个人整个学习生涯的学科，学生通过身心活动，在学习和反复训练中，不仅锻炼了身体，增强了体质，更是培养了道德和意志品质。体育作为"德智体美劳"五项中的一项，成为对个人的素质定位的一项重要基本准则。从体育课的概念、特点、类型及结构入手，深入了解体育课是很有必要的。

(一)体育课的概念

作为社会文化的形态之一，体育的特征是以合理的身体活动为基本手段，针对社会和个人生活需要，优化身体状况，促进身体生长发育，促进身心和谐发展。课是有目的、有计划、有组织的教学单位，是教学的基本组织形式，是课堂教学的简称。教学组织形式是为了完成特定的教学任务,教师和学生按照规定的秩序和一定的制度实现协调活动的外部表现形式。随着社会政治经济和科学文化的发展,以及对人才培养的要求的不断提高,教学组织形式规定着教师和学生的共同活动,确定了个别教学、分组教学和集体教学的相互关系,决定着学生学习的积极程度和教师给予指导、帮助的程度。体育课是学校体育教学的基本组织形式。体育课是使学生掌握体育与保健基础知识,基本技术、技能,对学生进行思想品德教育,提高学生运动技术水平的教学活动。体育课作为体育教学的基本组织形式,是由体育教师根据教育部颁布的相关体育课程标准,按照班级授课制的方式,以实践课为主,实施的有组织、有计划的教学活动。

体育课是体育教师根据相关课程标准要求,在规定的时间内,对相对固定的学生所实施的体育课堂教学活动。体育课堂教学是体育教师在一定的时空范围内,有计划、有组织地通过各种方式,以运动为主要媒介,以身体活动为主要特征,以培养学生的运动能力和提高学生身体素质、运动素质为主要目标,同时促进德、智、体、美、劳等素质全面和谐发展的教学活动,是实施学校体育教学活动的主要渠道和基本途径。所有完整的体育教学活动都由教学目标、教学内容、教学材料、教学过程、教学方法、教学评价六大基本教学因素(即教学要素)及其相互关系构成。体育教学活动实际上就是教师对这六大要素的设计规划、操作实施及效果评价。

(二)体育课的特点

体育课是涉及人文学科和自然学科的一门综合性课程,因而体育课包括体育理论课和体育技术、技能的实践课。体育实践课具有突出的特点,它是在以师生思维活动为基础的前提下,以身体活动为主要手段来传授和掌握知识、技术、技能。我国体育课的目标一般包括:传授体育知识技能,提高运动技能水平,掌握体育健身方法;体验运动乐趣,养成健身习惯,提高体育能力;加强体育美的教育、体育中的文化娱乐教育,提高欣赏美、鉴赏美的能力;进行思想品德教育,培养人社会化的个性等。从体育课的目标可知,体育课具有独特的性质。

体育课既要向学生传授体育和卫生保健方面的基本知识、技术和技能,又要促进学生的身心发展。各项体育运动的知识、技术和技能,都是要通过练才能掌握的,因而要在练中学、在练中教。体育是学生感受人生和体验人生最深刻、最直接、最生动的活动。在体育活动中,成功和失败、竞争和合作、进取和退缩、刚强和胆怯、自制和冲动等始终紧密相伴,是学生形成和积累人生经验的最佳方式和手段。体育课在承担增强学生体质的任务下,对培养学生的人生态度、情感、价值观具有独特的、其他学科无法替代的作用。学生通过学习体育课程,不仅可以掌握体育和卫生保健方面的知识、技术和技能,也使其身体和心理(认知、情感、意志、行为等)得到锻炼和发展。

体育课组织教学既有全班的形式,又有分组的形式和个别的形式,是一种形式多样、相互配合、相对自由的教学。体育课是围绕着运动技能的传授来展开的,有的运动在相对开阔的空间和特殊的体育器材上进行,有的运动(如篮球、排球等)还以小群体的形式组织运行,这就使得一部分教学不能全班一起进行。由于体育课是与学生的身心发展的基础和水平直接联系的,而学生身心发展的基础和水平又客观地存在着个别差异,因而在体育课上,特别是在中等学校以上的体育课上,教师不仅要考虑到男女性别上的差异,还要考虑到不同学生的个别差异,采取不同的形式和方法区别对待,以适应和满足学生的需要。区别对待通常通过分组教学和个别指导的途径来实现。对于健康状况较差的学生还应该开设保健体育课,对于身体和运动技能较好的学生可以设置提高课或专项课。

体育课组织形式多变且复杂,人际交往频繁。体育教学主要在体育场馆或室外进行,教学环境开放,教学空间较大,需要实施控制的因素较多。体育教师要根据学生性别、年龄、身体条件、运动技能,以及季节、气候、运动器材等各种不同情况来选择教学方法和组织教学。由于体育课包含各种身体练习和活动,学生进行身体练习,既需要教师的指导、帮助,又需要学生之间的相互合作、相互帮助、相互评价。在教学过程中,师生的身体和交往始终处于运动状态。如果说,在其他学科的课堂教学中主要是师生交往,那么在体育课中,生生交往则占了相当重要的地位。因此,有人把体育课堂教学中的人际关系称为"课堂小社会"。体育课中虽然存在着"社会交往"的需要且占了相当重要的地位,但就我国目前的情况来说,还是不够的,还需要进一步改善。

在体育课中,学生身心都要承受一定的负荷,其中身体练习对机体产生的影响称为生理负荷,由各种刺激所引起的心理负担称为心理负荷。在体育的实践课教学中,学生进行各种身体练习,人体器官系统(尤其是神经系统、运动系统、心血管系统、呼吸系统等)积极参与活动并协调配合,学生身体要承受一定的生理负荷,这就需要增强学生的机体代谢能力。而心理负荷大小与施教因素、环境因素、心理意向的心理度量值大小有关。所以,在体育教学中,要特别重视心理因素对教学效果的影响。因为教学效果一方面受学生体质状况和个性制约,另一方面又受实施因素、环境因素的影响。而运动负荷所产生的心理效应主要通过情绪、欲望、行为等方式表现出来(表2-1)。

表2-1 运动负荷与情绪、欲望、行为和目标变化的因果关系

运动负荷	心理行为			
	情绪	欲望	行为	目标
过大负荷	厌烦	挫伤	迟缓	不能实现
适宜负荷	高涨	满足	轻松	能够实现

二、体育课的类型及结构

(一)体育课的类型

体育课的类型主要是根据课的教学目标、教材性质和学生的特点等因素所划分的课的不同种类。按照不同的标准,对课的具体形式有各种不同的分类。按照教材性质的不同,可以将体育课分为体育理论课与体育实践课。体育理论课主要是通过理论讲授、讨论等形式学习体育文化知识、体育科学知识、卫生与健康知识及方法的一类课。其主要目的是通过理论讲授提高学生对体育的认识,并提升其体育人文素养,使学生掌握体育锻炼的科学方法和学

习健康的科学知识与方法,提高学生学习体育与健康课程的兴趣,并将所学知识与方法运用到实践中去。体育实践课根据教学目标选择安排教学内容,分为引导课、新授课、复习课、综合课和考核课。这类课的主要目的是引导和指导学生掌握体育知识技能,增强体质,提高体能与健康水平。(表2-2)

表2-2　体育课分类表

教材性质	类型	说明
体育理论课	理论讲授、讨论	通过理论讲授、讨论等形式,让学生学习体育文化知识、体育科学知识、卫生与健康知识及方法,目的是通过理论讲授提高学生对体育的认识,并提升其体育人文素养,使学生掌握体育锻炼的科学方法和学习健康的科学知识与方法,提高学生学习体育与健康课程的兴趣,并使学生将所学知识与方法运用到实践中去
体育实践课	引导课	学期开始,为明确某一教学阶段的教学目标、要求、内容等而进行的课
	新授课	以学习新内容为主,使学生形成对新动作的练习方法、技能战术等的正确认识并做到初步掌握
	复习课	对所学过的动作、技能等进行复习、改进、巩固和提高,形成正确、牢固的认识。专业术语:动力定型
	综合课	既有新授内容,又有复习内容的体育课
	考核课	检查学生阶段性学习或学期学习成果,并给予学生综合性考核评价的体育课

在21世纪出版的各类体育学教材中,对体育课进行了新的分类,较以前有了新的发展变化,这类教材对"体育实践课"的内容进行了更为详细的归纳与汇总。尽管如此,由于分类标准不统一,上述各种分类仍存在着一定的不足,各类型之间存在概念交叉的现象。当然,体育课还可以按照其他标准进行分类,但不管怎样分类,不同类型的体育课其结构是不同的,不能用一种体育课的分类标准去套其他类型的体育课。

知识链接

(二)体育实践课的基本结构

体育实践课的结构是指组成一节课的各个部分,以及各个部分教材内容和组织工作的安排顺序与时间的分配等,即整个体育课堂教学活动的框架。课的组织工作的安排顺序是指一节课中教与学的各项活动的合理安排。教的活动包括教师的讲解、示范、保护、帮助、辅导、分析、纠正错误、评价及调动队伍等。学的活动包括学生的视听、自学、自练、自测、自评、互相观察、互相帮助及合理休息等。

各个部分的教材内容是根据课程各部分教材内容的有机联系及所占时间的比例等来安排的。合理安排教材内容的顺序与时间,有利于学生更好地掌握动作技能、提高技能、增强体质。

根据人体生理机能活动能力变化的规律,学界一般将体育实践课分为准备部分、基本部分和结束部分。至于每部分的内容和组织安排等,则因课的目标、教学内容、学生情况以及作业条件(场地、器材、季节气候等)的差异而有所不同。小学、中学等低年级的体育实践课,为加强组织教学,也可把准备部分分为"开始"和"准备"两个部分。体育实践课各部分的划分与生理机能活动能力变化规律的关系,如表2-3所示。

表2-3 体育实践课各部分的划分与生理机能活动能力变化规律关系表

课的部分	生理机能变化	各部分机体工作能力特点	各部分教学目标	课的内容和组织教法特点	各部分时间（每节课时间按45分钟计）
准备部分	上升阶段	主要是进行生理上和心理上的准备，可以逐步提高学生的大脑皮层的兴奋度，使机体逐渐进入工作状态	①使学生明确课程任务，教师能够有组织地开始一节课。②培养身体的正确姿态，促进身体的全面发展。③为学生接下来学习基本部分做好准备	①课的基本内容主要是课程标准教材：体操课程（队列、队形）。②准备活动性质分为：一般性准备活动、专项准备活动。③为学生接下来学习基本部分内容做好准备	占总时间的15%～20%，约7～9分钟
基本部分	稳定阶段	学生机体工作能力处于最佳状态，大脑皮层处于最适宜的兴奋状态	①使学生学习和掌握体育的基本知识、技术和技能以及锻炼身体的方法、手段。②增强学生的身体素质。③培养良好的思想道德品质	①教学内容根据课程标准并结合学校实际情况进行安排。②组织教法特点：其一，合理安排主要教材内容的学习顺序；其二，安排辅助练习、诱导练习和依据教材内容需要分步骤教学；其三，确定各项教材内容练习的次数和时间，合理安排课程的密度和运动负荷；其四，安排练习分组以及分组形式	占总时间的65%～70%，约29～32分钟

31

续表

课的部分	生理机能变化	各部分机体工作能力特点	各部分教学目标	课的内容和组织教法特点	各部分时间（每节课时间按45分钟计）
结束部分	下降阶段	学生机体出现疲劳，大脑皮层兴奋度下降，工作能力逐步下降	有组织地结束教学活动，使机体逐渐恢复到相对安静的状态，对本节课作简要的总结	学生轻松自然地行走，徒手进行放松练习；教师组织学生做简单的舞蹈动作、平静的活动性游戏等；教师简明、扼要地总结本节课的教学内容，一般采取全班集体进行的形式布置课外体育锻炼作业	约占课的总时间的10%，约5分钟

1. 准备部分

任务：教师用较短的时间迅速将学生组织起来，明确教学内容与要求，调动学生学习的积极性，使他们精神振奋、情绪高涨地开始一节课程的学习，协调发展各主要肌肉群，做好准备活动，使身体各器官系统逐渐进入工作状态，并为基本部分的技术学习做好充分的准备。

内容：体育委员向教师报告出勤人数并整队，教师简单地说明教学内容和基本要求，检查服装，布置见习生的任务，进行队列、队形练习以及集中注意力和激发情绪的练习，走跑练习，组织教学所必需的课堂常规练习，主要是迅速地把学生组织起来。

一般性的准备活动，包括身体的一般发展内容，主要是促进学生身体全面发展，使全身各主要肌肉群、关节、韧带都得到充分活动。教师应注意加强学生较弱肌肉群的练习，注意动作的准确性，严格要求学生按照规定动作进行练习，培养学生吃苦耐劳、积极进取的精神，帮助学生塑造良好的体态。

专门性准备活动，主要是使与完成主要学习内容有关的肌肉群、关节、韧带和器官以及各系统的机能做好准备。因此，其动作的性质与学习内容大体类似,基本部分是一些模仿练习、辅助练习或诱导性练习,包括课程标准规定的,对掌握学习内容所必需的,发展相应的身体素质的练习等。

准备活动完成的好坏,将直接影响教学任务的完成情况,它对增进健康、增强体质、防止发生伤害事故、掌握体育知识、技术、技能都有重要意义,因此体育教师应加强准备部分的教学和教育工作,不能以为只是活动身体而稍有放松或忽视。

体育教师一般采用集体形式进行准备活动,可以原地做,也可以行进间做,从队形上还可以根据具体情况加以变化,以提高学生的学习兴趣。中小学体育课一般运动量较小,教学难度也较低,因此,需要教师把一般准备活动和专门准备活动加以严格区分,在45分钟的课程中,准备部分的时间占8～12分钟。

2.基本部分

任务:学习新的内容,复习已经学过的内容,通过学习与复习,使学生掌握体育知识、技术、技能,增强身体素质,培养他们的道德、意志品质。

内容:根据有关课程标准、教学进度的规定,以及结合具体情况所选定的有关辅助或诱导性练习等。在组织进行基本部分的教学时,教师应当注意以下几点:

第一,要合理安排学习顺序。从组织活动的特点来看,一般应把新内容和较复杂的内容放在基本部分的开始阶段,以便学生用饱满的精神和充沛的体力去完成较复杂的任务。对于能引起高度兴奋的内容,教师在教学过程中,一般应放在后面,以免学生过度兴奋,影响其他教学内容的教学效果。

从体现生理机能活动的特点看,教师应把发展速度和灵敏性的内容放在前面,把发展力量和耐力的内容放在后面,同时应当注意将身体不同部位的练习交替进行,同时需要考虑"运动负荷"的大小,要逐步增大密度和强度。

第二,在基本部分教学中,应根据课程的任务、主要教材的性质与学生的特点,正确地选取与安排一些必要的辅助练习,如诱导性练习、巩固性练习、技术技能练习和身体素质练习等,特别是在做较复杂、大强度的练习之前,教师应组织学生充分做好准备活动,使学生大脑皮层处于适宜的兴奋状态,增大活动器官的灵活性,提高教学效果,防止发生运动损伤事件。教师还要根据学生的具体情况,有针对性地选择一些发展身体某部分肌肉群的练习或身体素质练习,以便学生能够更好地掌握动作技能,提高身体素质,增强体质。

第三,要合理地安排好活动密度和运动负荷,注意练习和休息应合理地交替进行,教师要善于根据课程任务、教材性质、学生特点和场地设备等具体条件,采用切实可行的有效的组织方法和教学方法,掌握好运动密度和运动负荷。如果只是片面地强调增加运动密度和运动负荷,则不利于教学任务的顺利完成。

第四,根据学生人数、教材等特点,教师在教学中,可采取全班或分组的组织形式进行活动,要结合当时的具体条件与情况来确定具体组织形式。在45分钟的课程中,基本部分的时间大约占30分钟。

3.结束部分

任务:有组织地结束教学活动,使学生逐渐地恢复到相对安静的状态,简单地进行课堂小结,布置课外作业。

内容:教师选择一些逐步降低运动负荷的练习,如轻松自然地行走、简单的舞蹈运动、动作比较缓和的活动性游戏等,之后简单总结本课学习情况,表扬好人好事,布置课外作业,收拾并归还器材和预告下次课的内容等。

结束部分的时间为3~5分钟。在实际教学中,教师应注意不能忽视这部分内容,更不能挤掉或者占用这部分时间而仓促下课,否则会影响教学效果,但也要避免搞形式主义。

知识链接

第二节 体育教师课堂管理理念

目前我国倡导素质教育,大力推行教育改革,提出教育要面向世界、面向未来、面向现代化。教育面向未来、面向世界,除了宏观上的政策导向以外,更关键的还是要依靠课堂教学来贯彻教育改革的新目标、新要求。体育教学的效果与质量有赖于教师的专业素质、学生的学习基础,同时也需要科学的课堂管理予以保障。从目前对课堂教学的观察和经验来看,很多教学效果不佳的原因在于体育教师的课堂管理水平不够理想,或者说其管理水平不能很好地适应新时代的要求。体育教师课堂管理涉及许多因素,包括体育教师对课堂教学中教师角色和地位的理解,教师的质量观、教学观和学生观,以及在这些理念的指导下教师所采用的行为方式。因此,为了提高教学质量,实施教学改革,一定要更新体育教师的课堂管理理念,改进管理方式。

一、体育教师在课堂管理中的角色及职业特性

(一)体育教师在课堂管理中的角色

体育课堂管理与体育教师在课堂中的角色扮演关系密切,一般认为体育教师在教学进程中扮演的各个角色,应随着教学步骤的变换而变化。因为,每个成功的体育教师在课堂上一定都是多面手,能随机应变:一会儿是指挥官或导演;一会儿又是演员,演得生龙活虎,十分感人;一会儿又是监督者、裁判、帮手或记分员。只有这样,才能指挥、组织好全班学生,调动他们的积极性,使学生积极认真参与课堂教学活动。许多研究者曾对教师在课堂教学中扮演的角色做过分析。综合相关研究,本书将体育教师在课堂教学中的角色归纳为以下六种。

1.引领者

教师最根本的职责是育人。体育教师同样肩负着传播知识、传承文化、发展科学、培养人才的神圣使命和崇高职责。一个教师无论拥有多少知识,都要具备知识传输能力。自己拥有知识,而不能很好地将其传授给学生的教师不是合格的教师。体育教师要把知识传授给学生,并让他们理解这一学科的重要性。

2.组织者

体育课主要在室外运动场上进行,学生需参加各种身体活动来实现课的教学目标。这些动态的教学活动不仅范围大,且影响教学的各种因素复杂多

变。一个成功的课堂教学活动主要在于对学生的组织,教师给予学生明确的指导,使他们明确自己的任务,知道如何开展活动,以及活动结束后如何组织反馈等,可以说整个体育教学过程就是一个组织过程。

3. 协调者

一个教师必须是一个合格的协调者,使学生的一切活动都在他的协调范围中顺利地进行,任何的疏忽都会使课堂教学达不到理想的效果。体育教师要灵活协调各方因素,以应对知识传授、能力培养等不同情况。同时,体育教学的安全性问题是极为重要的,防止外来干预或伤害事故的发生,是一个体育教师应重视的问题。体育教师应做到遇事后能乱中不慌,从容处理,不可失控。

4. 同行者

从某种意义上来讲,教师又是一个同行者。体育教师应经常和学生进行探讨交流,特别是要保持和学生平等的身份参加一些体育比赛或游戏,不可高高在上,这样可以使学生轻松愉快,解除思想顾虑。教师应在友好的气氛中帮助学生提高技术和学习能力。

5. 创造者

教师应该创造一个良好的、适合学生学习的课堂气氛,使学生的学习达到事半功倍的效果。写在书本上的体育教学法不见得是最好的方法,适合自己并能带来理想教学效果的方法才是好方法。体育教师应根据教学情况的变化,创造出学生最满意、收效最好的教法和技巧。

6. 疗愈师

体育教学中学生要承受一定的生理和心理负荷。学生在体育学习过程中必定会遇到不少困难和压力,并直接影响体育教和学的正常进行。因此,体育教师要帮助学生分析造成这些消极因素的原因,并从心理上帮助学生克服容易产生的学习压力、焦虑情绪等消极因素,使他们放下包袱,充满信心,从而不断提高运动技能水平。

总结我国专家对体育教师的研究,可以看出体育教师在教学过程中,有以下的共同点:教师需要角色转变,教师是组织者,教师是协调者,教师是同行者或合作者;在诸多角色中,教师作为组织者和协调者最重要。但通过比较,我们还可以看出,学者们更注重教师在课堂中的作用,以"教师"为中心。当然,也有研究者更倡导学生在课堂中的作用,以"学生"为中心,教师起着协助、指导的作用。

(二)体育教师在课堂管理中的职业特点

体育教师的工作是培养人才,这点与其他学科教师是一致的。但体育学科本身的特点,决定了体育教师的工作有别于其他学科教师的工作,其职业特点主要表现在以下几个方面。

1.教育特点

体育教学是脑力劳动和体力劳动相互结合的教育形式。体育教师在体育教学活动中不仅传授技术、技能、知识,运用教学训练方法直接影响学生,而且以仪表、个性、品德等表现间接影响学生,对学生的发展起到非常重要的作用。

2.运动特点

体育离不开运动,体育教育以身体练习为主要手段,这就要求体育教师必须保持较高的运动技能水平,而且必须掌握各项专业技术以及教学训练方法,能随时对学生进行直观教学,指导学生掌握各项技术要领。

3.多元的职业需要

体育教师的工作性质决定了他除了要抓好教学,还必须在训练、管理、组织、裁判和科研等方面发挥自己的才能,取得突出的成绩,才能获得社会尊重,提高职业地位。

体育教师这一职业具有很强的群众性和社会性。体育教师不仅要面向学生,而且也要面向社会。学校要进行各种校际体育交往,经常利用节假日开展一些校内外的体育竞赛。社会上也经常组织和开展各种群众性体育活动,如各种形式的竞赛和健身活动等。体育教师作为专门人才,常常受聘担任裁判、教练,以及参与辅导、组织、检查评议、讲学等工作。这就使体育教师的工作远远超出了学校体育工作的范畴,延伸到家庭及社会层面。

二、体育教师课堂管理理念

思想是行动的先导。不同的课堂管理理念引导着不同的课堂管理实践。体育教师在日常的课堂管理中应该具备哪些管理理念呢？在此将探讨一些理念和方法，为我国课堂管理的实践提供一种新的视角。

(一)建立有效的"人本管理理念"

从本质上讲，人本管理是全新的管理思维，目的是促进人的全面发展，重视个体心理目标结构，以个性优势为突出特征。不同的学者对人本管理提出了不同的观点。有的人认为，人本管理需要涵盖三个方面的内容，即点亮人生的光辉，实现生命存在的价值以及进行幸福的共同缔造。人本管理代表了一种个人价值的实现动力，以自身发展目标为内容，在实现目标的同时，彰显人生价值，实现自我的不断发展与完善。人本管理的核心体现在应用层面，人本理念的本质就是尊重人、依靠人、服务人与发展人，在实现人的价值的同时，提升人所在的组织、所从事的工作的质量与效率。①现代"人本管理"理论基础的建立基于对人类生理、心理和社会需要满足的正确认识。它要求管理活动以"人"为中心，管理者要将组织内人际关系的处理放在首位，维护"人"的人格尊严，满足"人"的需求，鼓舞士气。"人"既是管理的手段又是管理的目的，是手段和目的的辩证统一。在人本管理中，个人的潜能得到激发，组织也因此发挥最大的效能。因此，以人为本不仅仅是关心人、激励人，而且是充分发挥人的潜能，同时促进管理对象人性的丰富和完善，促进人的全面发展，人本管理已是现代管理行为的出发点和归宿。

人本管理注重管理的有效性，所谓"有效性"，主要是指在经过一段管理实践以后，学生在课堂中所获得的进步或发展。也就是说，学生有无进步或发展是教学和管理有没有效益的唯一指标。有效管理是提高教师的工作效益，强化过程评价和目标管理的一种现代管理理念。所谓"理念"，就是一个人具有的准备付诸行动的信念。课堂管理的有效性理念应当包括以下内容：第一，关注学生心理需要和学习需要等，特别是关注学生的积极性和内在学习动机的

---

① 黄河.人本管理理念在高校档案管理人才培养工作中的渗透思路探索[J].兰台内外,2019(33):69.

调动;第二,关注学生的进步与发展,特别是学生自我控制水平与能力的进步与发展;第三,关注有效课堂学习环境和氛围的建构,特别是课堂中新型师生关系的有效构建;第四,关注课堂管理的效益,这种效益体现在课堂教学质量的提高和学生的全面发展方面。有效的课堂管理是为了让学生体验富有生机和活力的课堂生活,是为了有效的课堂教学,是为了学生的全面发展。任何形式的课堂管理,如果达不到促进学生进步和发展的目的,都是低效或无效的。我们要特别注意那种认为有效课堂管理就是通过严格的纪律约束控制好课堂、管理好学生,以便让教师能集中精力,花最少的时间教最多内容的片面的理解和错误的认识。

在以人为本的有效课堂管理中,每个学生都能获得人格尊重和个性发展,都有机会培养自身各方面的能力;而教师能够圆满完成教学任务并通过教学起到促进学生身心全面发展的作用;学生在课堂中能运用实质而饶有趣味的学习方式,自主学习、合作探索,提高教与学的效率。教育管理工作本身就是一项复杂且严肃的系统性工作,传统的教育以学校意愿为导向,因此学生容易对教育产生抵触心理。但人本管理可以让学生了解该如何与自己的授课老师相处,不仅能调动学生学习的积极性,也能为学生将来步入社会奠定基础。①让学生在和谐的课堂环境中体会自主学习、全面发展的快乐与和谐。

(二)尝试新的课堂管理方式

1.实现学生自主学习与自我管理的有机结合

体育教师通过教学任务的完成,增强学生体质、增进学生健康,更重要的是要教会学生自主学习、锻炼,让他们树立终身体育的意识,掌握一至两门感兴趣的体育技术、技能,这才是体育教师教学的根本任务。体育教师要提高学生学习体育的积极性和主动性,必须把课堂教学与课堂管理融为一体,以学生为本,多采用探究式教学,使学生获得自我解决体育学习问题的能力,充分挖掘自我管理的潜力。这样学生就会主动、积极地参与到体育学习中来。

2.实现教学方式与管理结构的有机结合

体育教师作为课堂管理者,必须建立一种课堂环境,使课堂教学与课堂管

---

① 柴红.人本管理在中小学教育管理中的应用探讨[J].才智,2020(2):17.

理紧密结合。例如,以前很多体育教师都是自己带准备活动,而且班上的体育委员几乎都是男同学,这样不仅限制了体育骨干在教学中的带头作用,在某种程度上也限制了女生的体育学习能力。因此,体育教师在新型的管理教学方式下,适当放权,可以尝试让学生带准备活动,让学生参与到整个课堂教学的组织管理中来。这样,不仅充分发挥了体育骨干的带头作用,拉近了教师与学生的距离,扩大了学生的参与面,提高了学生学习体育的兴趣,使他们意识到自己的主体地位,而且在无形中也整顿了课堂秩序,提高了管理的效率。

(三)创新教学动态过程管理模式

过去程序化的管理体制侧重于依靠固定的课堂教学规则,以及相对稳定的管理队伍来管理学生,这是一种静态的结构管理。这种静态的结构管理,对维持课堂秩序、开展教学有着重要的价值,同时程序化的管理体制也有利于教师操作。但是,在新形势下,课堂具有变革性和生成性。课堂环境时时都在变化,课堂成员也在不断发展,课堂的一切都处于动态之中,这时结合动态过程的管理模式就显得非常重要。因此,体育教师在对课堂实施管理的时候,要注意对教学全过程进行动态管理,做到针对不同的阶段和不同的课堂特点,变换一定的视角,对课堂问题进行动态的审视,并不断地修正自己的管理方法。动态的过程管理并不排斥静态的管理,它们可以相互配合,并达到相辅相成、相互补充的效果。

(四)倡导柔性管理模式

由于体育教师群体的特殊性、劳动成果的延时性和工作成绩的非可比性,学校在实施科学管理和人本管理时,人的复杂性、模糊性和不确定性很难靠强制措施来规范。中国古代管理思想中的"无为而治"蕴含着深刻的哲理。"无为而治"不是指什么都不做,无所作为,而是有所为,有所不为,用"无为"的方式达到"无不为"的效果。所以,对学生的管理,应有一定的自由度。以"柔性管理"方式将有形的管理融入无形的意识中去,用超脱的手段以最简单的管理行为达到最大的管理效果,从而达到"无为而治""无为无不为"的目的。

体育教师作为课堂管理者要建立民主互动的沟通机制，把学生当作课堂的主人，深入学生中去，与学生平等地交朋友，鼓励学生对课堂管理、课堂教学发表不同的意见。体育教师通过激励学生、引导学生等方式，教会学生书本知识以及为人处世的道理，学生在接受人本教育的过程中会更加尊敬教师本人以及教师的教学方式，而学生本人也会在潜移默化中达到德智体美劳全面发展的效果。[①]这种管理思想能将教师与学生的积极性完全调动起来，不再受到传统思想的禁锢。

三、对体育教师课堂管理理念的反思

(一)对体育教师课堂管理理念及管理方式的了解

体育教师课堂管理理念是指由教师的质量观、教学观和学生观而产生的对课堂管理的看法与态度。体育课堂管理和体育课堂教学发生在同一时空，课堂管理理念往往是通过体育教师用语言结合非语言（手势、眼神、面部表情等）来体现的。体育教师课堂管理方式是课堂理念的外显形式，是一种比较稳定的课堂管理行为的样式，教师根据对课堂教学中师生角色和地位的理解，通过调控课堂环境、课堂气氛、教学进程等具体的课堂管理方法和手段来加以体现。不同的体育教师课堂管理理念会通过不同的管理方式和行为来表达，并因此产生不同的教学效果。不同的课堂管理方式会营造不同的课堂气氛，也会对教学效果产生不同的影响。

长期以来人们进行了多种多样的课堂管理的探索与实践，总结了丰富多样的课堂管理经验。本书概述中已论述过，课堂管理类型主要有放任型管理、专断型管理、民主型管理、情感型管理、理智型管理、兴趣型管理六种，从总体上可以分为专断型、民主型和放任型三类。这三种类型的管理中，专断型课堂管理主要依靠教师的权力和课堂纪律，因而过于刚性和缺乏灵活度；而放任型课堂管理主要依靠学生自觉学习，完全放弃了教师的责任，因而过于随意和缺乏规范；民主型管理既维护教师的尊严，促使教师履行责任，又重视学生的责任和实际情况，强调学生自觉学习，因而能够把教师的责任和学生的自律结合

---

① 柴红.人本管理在中小学教育管理中的应用探讨[J].才智,2020(2):17.

起来。体育教师课堂管理遵循一般课堂管理的原则,同样可分为这三类课堂管理方式。体育教师课堂管理的方式及特征的详细情况见表2-4。

表2-4 体育教师课堂管理的方式及特征

项目	民主型管理	专断型管理	放任型管理
教师角色	领导者	监督者	好先生
声音/态度	和善	严厉	敷衍
教学法	激励法	施压法	自由活动法
教学内容选择	我该教什么	你该学什么	你想学什么
说话方式	鼓励、赞许	批评、指责	中立、放纵
对待学生方式	尊重	指挥命令	无为而治
使用的外在力量	影响力	权力	无约束力
师生合作态度	和谐协作	要求合作	自由合作
师生讨论方式	引导、帮助建议	统治、强迫接受	自由行动
责任方式	团体分担责任	教师单独负责	学生单独负责

(二)对体育教师课堂管理理念及管理方式的反思

当前我国体育教师课堂管理理念普遍存在一些问题,主要表现如下。

1.管理理念陈旧

在我国,长期以来,人们把课堂教学框定在教学活动之内,认为教学是学生在教师指导下进行的学习活动,学习内容是专家学者早已选定的,是经过审定的最基本的文化知识。在这一前提下,教师成了知识的传授者,学生成了知识的接受者,课堂成了教师发挥作用的主要舞台,课堂管理行为成为教师个人权威实施的主要手段。因此,维持课堂秩序,控制学生纪律成了每位教师的管理目标。长久以来,在这些理念的影响下,我国部分课堂管理形成了教师绝对权威、单向输出模式、命令支配学生的文化取向。有些教师仅仅采用简单粗暴的方式对学生进行呵斥、惩罚,这使学生处于被监控状态,心理负担沉重,进而使课堂人际关系紧张,而教师产生职业倦怠,导致教学效率降低,这在不同程度上影响了师生双方的身心健康。

2.管理方法僵化

传统体育课堂管理把教师视为课堂的统治者,一切以教师为中心,过多强调的是教师对学生的管理,忽略教师对自身的管理和学生参与课堂管理。此类管理理念忽视了学生的主观能动性,忽略了他们在提高课堂管理效果方面的重要作用。在此种课堂管理理念的支撑下,整个课堂常常缺乏人文气息,导致课堂气氛和师生关系紧张。这在某种程度上,束缚和压抑了学生的主动性和创造性,只是简单、机械地执行教师的命令,不利于学生的全面发展和健康成长。

第三节　体育教师课堂管理应具备的综合能力

所谓能力,是指人完成某种活动任务时经常、稳固地表现出来的心理特征,是知识、技能和智力的整体效应。作为一种价值引导工作的实施者,教师是学校教育的组织者、领导者和参与者。学校能否贯彻执行全面发展的教育方针,培养合格的体育人才,在很大程度上取决于体育教师的工作质量,有一个优秀的、称职的、高素质的师资队伍是组织好学校体育工作的前提和保障。体育教师的能力,作为当代体育教师从事体育教育活动所需要的能动力量或实际本领,一方面,它是多种单项能力组成的和谐统一的整体,缺少任何一种有机的组成部分,都将直接影响体育教师教学能力的发挥;另一方面,又可根据各自所起的作用及适用范围的不同,将其分为几个组成部分。对体育教师能力体系的认识,是把握体育教师课堂管理应具备的综合能力的前提条件。体育教师的能力主要包括教学能力、业余训练能力、科研创新能力、组织管理能力、社会活动能力、运用信息工具的能力和思想品德教育能力等。体育教师课堂管理的能力是多方面的,除了具备体育教师应具备的能力外,从课堂管理能力的范畴来说,体育教师课堂管理还应具备:制订计划能力、控制能力、决策能力等。(表2-5)[①]

---

① 东芬.21世纪体育教师综合能力评价体系的研究[D].苏州:苏州大学,2004.

表2-5　体育教师综合能力评价指标

一级指标	二级指标	具体内容
思想品德教育能力	为人师表 爱生敬业 审美能力 教书育人	以身作则,用行动影响学生 热爱学生,热爱本职工作,有强烈的责任感 有较强展示体育美的能力和对美的鉴赏力 重视育人,效果显著
教学能力	编写教案 示范讲解 教材教法的运用 纠正错误 处理突发事件 场地器材的运用 保护与帮助 考核评定	设计科学,内容合理 示范准确,方法得当,讲解精练,通俗易懂 教材重点、难点突出,教法有效灵活 发现及时,纠正得当 遇事冷静,措施有效 场地器材运用科学,符合实际 方法得当,科学合理,安全有效 测试准确,评定客观,标准统一
业余训练能力	制订训练计划 科学选材 专项技术、技能 训练实施 竞赛指导 医务监督	计划周密,符合原则 方法得当,知识全面,科学有效 专项技术、技能突出 训练内容、方法、场地、时间安排合理 应变自如,有条不紊 预防和处理运动损伤,运动疲劳恢复措施有效
科研创新能力	科研能力 科学选题 科研方法 研究成果 创新能力	参加教学改革研究 选题的科学性 符合研究内容的需要,有操作性 研究成果的质量和学术价值 具有开拓精神,能提出新观点、新思路

续表

一级指标	二级指标	具体内容
组织管理能力	竞赛组织与管理 裁判 自我管理 群体活动	组织严密无失误 裁判执行过程的准确性 对自己严格要求,加强个人修养 方法恰当,效果良好
社会活动能力	辅导全民健身 全民健身咨询 人际交往 体质测量与评价	全民健身辅导态度端正、专业能力强 精通理论,掌握方法,效果良好,档案资料齐全 各种关系融洽,协调能力强 精通测试仪器,方法科学,分析准确
运用信息工具的能力	计算机操作 电教仪器的使用 先进体育设施的运用 语言表达能力 对相关科学知识的掌握 对体育教育政策、方针、趋势的把握	熟练操作计算机能力 了解电教仪器的功能,熟练掌握,使用恰当 利用先进体育设施的能力强,对其性能能够熟练掌握 表达清晰、准确、有表现力 掌握的知识面广博 对体育教育动向敏感
制订计划能力	制订体育教学目标 制订体育教学计划	制订体育课程教学目标、学期教学目标、课堂教学目标 制订体育课程教学计划、学期教学计划、课堂教学计划
控制能力	预先控制 现场控制 事后控制	收集信息、准确分析预测、科学决策 敏锐的判断力、快速反应和灵活多变的控制手段 计划完成后进行控制
决策能力	发现问题 分析问题 解决问题	研究现状,发现问题,确定明确具体的目标 拟订备选方案,评价和选择方案 方案的实施与控制

(一)教学能力

学校体育教师的本职工作是搞好体育课堂教学。所以,教学能力是学校体育教师最基本、最重要的能力,包括从体育教学设计、体育教学实施到教后评估整个过程,即从内化教材到外化教材整个过程的驾驭能力。教学能力主要体现在编写教案、示范讲解、教材教法的运用、纠正错误、处理突发事件、场地器材的运用、教学保护与帮助、考核评定等方面。编写高质量的教案是课堂教学成功的一半,这要求体育教师认真钻研教材,精心备课;体育课大多是室外技能实践课,有效地控制和严密地组织整个教学过程是贯彻教学内容、完成教学任务的前提条件;教师要合理安排场地与器材,随机应变处理突发事件;技术动作要领和概念的学习等需要教师进行精练的讲解;正确优美的示范动作能够树立教师的威信,激发学生学习的积极性;适时的正误对比可以帮助学生建立正确的技能概念;必要的保护与帮助可以使学生克服恐惧心理,树立学习的信心,领悟正确的技术动作要领,避免伤害事故的发生;应变能力表现在对外界干扰因素和偶发事件的恰当处理上;内容丰富、画面新颖的电化教学能够引起学生的学习兴趣,扩大学生的知识面;教学过程中注重对学生学习的及时评价。学校体育教师一刻也不能放松对教学能力的提高。

(二)业余训练能力

业余训练能力是指体育教师在课余训练过程中,在增强学生体质的基础上指导学生不断保持或提高运动成绩的能力。在这期间,体育教师起着主导作用,是训练过程的设计者和组织者,也是运动员的教育者和辅导者,是整个学校运动训练系统中的控制者。在运动训练的过程中,一切有关运动训练的计划和方案都必须在对运动员的生理机能和心理机能了解的基础上加以设计,以提高运动员的体能、技能、智能和心理能力,最后通过运动员参加运动竞赛获得的成绩予以检验。体育教师的业余训练能力主要体现在制订训练计划、科学选材、专项技术技能指导、训练实施、竞赛指导、医务监督等方面。

(三)科研能力

现代体育教师要想胜任自己的工作,必须具有良好的科研能力。当代体育事业发展迅速,新技术、新理论层出不穷。只有具有一定的科学研究能力,体育教师才能接受和掌握新的知识,并将其应用于体育教学与训练,从而提高教学质量和训练水平。体育科学的研究范围十分广阔,而体育教师开展科研活动,可以在知识结构上有所突破,拓宽知识面,为体育教学工作的开展提供科学的依据和理论指导。体育教师的科学研究能力主要体现在创新思维、协作研究等方面。

(四)组织管理能力

体育教师的组织管理能力应该包含两层含义。一是要在对体育专业知识、体育教育理论有一定了解的基础上,积累一定的体育教育教学经验,并逐渐发展出一种职业技能。体育教师的组织管理已不再是单纯的组织管理,而是要对专业发展、教学目标进行科学、全面的规划、设计,然后再有计划地进行管理。在各种条件下,教师都能有效地组织学生,激发他们的主动性和积极性,并善于运用各类教育方法,使学生能够自我管理、自我教育。这种组织与管理的能力包含在体育课程的教学和业余运动爱好的培养中。二是要发挥体育教师的特殊作用,即其组织与管理能力主要表现为组织领导学校体育活动,如体育比赛等。

(五)社会能力

体育作为一种社会现象,其发展需要社会各方面的支持,这就需要体育教师具备一定的社会能力,这种能力主要体现在交际和组织裁判性上。例如,为举办运动会,体育教师要统筹处理各方关系,并且组织和裁判各项活动;为了改善教学和培训条件,增设运动器材,必须通过多方联系,筹措经费。在当今社会,在社会主义市场经济下,发展体育不能只靠政府的投资。因此,体育教师要充分发挥自己的社会活动能力,勇于开拓创新,积极参加各种社会活动,以使体育教学工作更好地适应社会发展的要求。

(六)运用信息工具能力

21世纪,人们生活于高效率、快节奏的信息社会中,人们求得生存和发展需要利用一切信息,并善于捕捉各种机会。上网捕捉信息是体育教师提高业务水平、拓宽知识面、改善知识结构、培养创新思维能力的重要途径。因此,体育教师运用信息工具的能力尤为重要,主要体现在对计算机和电教仪器的使用、先进体育仪器的使用、外语表达能力、相关学科知识的掌握,以及对体育教育政策、方针、趋向的正确把握等方面。

(七)思想品德教育能力

传统型的体育教师往往偏重传授知识、技术和技能,从而忽视了自身对学生进行思想品德教育的责任。党的十八大提出,把立德树人作为教育的根本任务,培育德智体美全面发展的社会主义建设者和接班人。体育教育的历史新使命——"立德树人"要求新型的体育教师必须具备现代教育观,不仅教知识、技术和技能,还要教事、教理、教人,做到既教书又育人,并将育人作为最根本的目的,在体育教学中要加强德育。要达到这个目的,就需要体育教师做到为人师表、爱岗敬业,具有良好的审美能力和教书育人的能力。

(八)制订计划能力

体育教师进行课堂管理活动之前,首先要制订计划,这是进行课堂管理的前提。因此,制订计划能力是体育教师课堂管理的首要能力,主要包括制订体育教学目标和体育教学计划。

体育教学目标是目的或宗旨的具体化,是体育教师根据自身的需求而提出的在一定时期内经过努力实现的预期成果。体育教学目标能为体育教师课堂管理决策确定方向,是衡量实际工作成效的重要标准之一。

体育教学计划是对将来如何开展体育课堂管理活动进行的预先筹划。它着眼于课堂的未来,致力于保障课堂管理发展的有序性,其目的在于合理有效地利用课堂资源。因此体育教师教学计划应体现出目的性、普遍性、稳定性和效率性四个方面的特点。

(九)控制能力

体育教师课堂管理的控制能力,就是体育教师根据计划检查、衡量计划的实施,并对其做出相应的改变或调整,使一切都在教师的可控范围内。在体育教学中,控制是一种非常重要的能力。

在体育教学中,控制能力的发挥主要有两个方面:一是对教学活动的检查,二是检查教学计划的正确性与合理性。而在另一种意义上,则是调节,调节行动或规划,以使两者协调一致。因此,控制是完成课堂管理计划和实现课堂管理目标的根本保证。

根据控制点的时间不同,体育教师课堂管理的控制可分为以下三种:

1.预先控制

可以"先发制人",提前做好一切准备,掌握未来发展的趋势,消除一切可能发生的隐患。这是一种损失最小、效率最高的控制方法,但它要求信息收集全面、分析预测准确、决策实施科学。所以这也是最科学、最经济、最困难的一种控制方法。

2.现场控制

现场控制是一种同步的控制,发生在计划实施期间。该技术具有快速检测、快速修正、快速降低损失的能力,是一种既经济又有效的教学方法,但这需要教师具备敏锐的判断力、快速的反应力、灵活的控制力。

3.事后控制

事后的控制,也就是在计划结束之后进行的控制。事后控制存在着一个致命的缺点,那就是延迟,容易延误时间,这加大了控制的难度,并且经常会造成损失。此外,在事后控制中,教师还需要通过信息反馈和行为调整来确保系统的稳定,而这就要求反馈的速度要比控制目标的变化快得多,否则,就会使班级的管理工作无法顺利进行,也就很难实现控制。

上述三种控制方式都具有各自的特色,在实践中常常会被同时使用。预先控制能够预防各种突发情况,而不管是预先控制,还是现场控制,都要对整个课堂的进程进行检测,并采取相应的预防和纠正措施。

(十)决策能力

对决策的理解有狭义和广义之分。狭义的决策就是做出决定的行动,或者说是为了解决某个问题从多种可选择的方案中做出选择的过程;广义的决策是发现问题、分析问题和解决问题的全过程。科学的决策是一个动态的系统反馈过程,包括一定的步骤和程序。在实践经验的基础上,我们可以把体育教师课堂管理的决策过程分为五个步骤:研究现状,发现问题;确定明确具体的目标;拟订备选方案;评价和选择方案;方案的实施与控制。

当代体育教师应提高自我要求,不断提高自身综合能力,将以上十种能力应用、贯穿于整个课堂教学管理过程中,为学生提供一堂优质的体育课,提升学生的学习效率。

课题探究

课题之一

探究题目:体育课是如何产生的? 它兴起的背景是什么?

探究建议:建议从体育蓬勃兴起和学校体育发展历程两个方面进行研究。

课题之二

探究题目:如何把握体育教师课堂管理的理念?

探究建议:运用书中知识,查阅有关学校体育教学理念和管理原理的资料,结合体育教师课堂管理独特的性质进行全方位的讨论。

课题之三

探究题目:运用书中知识,结合自身实际情况,谈谈体育教师课堂管理应具备什么样的综合能力?

探究建议:参考有关体育教师能力体系和课堂管理职能的相关资料,从体育教师课堂管理应具备哪些素质和能力的角度来探讨,结合当前体育教师课堂管理面临的新形势和实际情况对体育教师课堂管理应具备的综合能力进行具体分析。

　　本章开始从主体和客体两方面对体育教师课堂管理的要素体系进行分析,体育教师课堂管理的各要素或部分,都不是孤立的,也不是单个地对主体发生作用,而是一个有机的复杂系统。针对体育教师如何进行课堂管理,本章主要从四个方面进行全面阐述,并对其产生的缘由、如何提高管理能力等进行了详细的阐述。

第三章

体育教师课堂管理的要素

第一节　体育教师课堂管理的要素体系分析

　　本节从主体和客体两方面对体育教师课堂管理的要素体系进行分析,体育教师课堂管理主要构成要素包括:人,即教师和学生;物,即构成体育教师课堂管理客体体系的一切必要物质成分、物质条件、物质基础;时间、空间、环境三位一体也是体育教师课堂管理客体体系的要素。

一、体育教师课堂组织与管理

　　体育课堂是学校体育教学的重要组成部分,也是学校体育教学的核心。在体育教学过程中,教师的课堂行为起到了一定的积极作用。体育课堂教学是指在教师的组织和指导下,由学生集体参与,以达到特定教学目标的教学。体育课堂教学是体育教师的一种重要行为,它以课堂为中心,同时确保学生在行为、思想、知识、能力等方面得到发展。体育课堂的管理是实现体育课堂教学的有效途径和保证,两者在同一时期、同一地点发生,彼此依赖、制约。一方面,优秀的体育课必须具备良好的课堂管理和和谐的师生关系;另一方面,优秀的体育课也能促进教师在教学中的实践创新,利用优秀的课堂教学技巧,实现教学的革新,既能引起学生学习的兴趣,又能实现自身教学技能的完善。①

体育课堂教学的组织和管理是维持教学秩序、确保教学活动顺利进行的关键环节。在许多情况下,组织和管理的要素互相渗透,难以分离,在组织的过程中,各种管理要素都是由组织要素组成的。所以,对体育教师的课堂管理,应从整体上进行分析。②

我们可以将体育教师课堂组织与管理理解为:体育教师为营造积极的课堂环境,保持课堂互动、促进课堂生长,而采用积极有效的管理手段对学生课堂行为进行引导,促使学生参与体育课堂活动,从而实现学生自我管理与教师自我管理有机结合的过程。

二、体育教师课堂管理的要素维度

我们探讨了体育课堂教学与体育课堂管理的关系,可知体育课堂管理始终贯穿于整个体育教学活动的过程中。从管理学的角度来看,体育教学过程同时也是一个管理的过程,其中涉及计划制订、计划执行、信息反馈和计划评估等管理学的理论,那么体育课堂管理的要素构成必然与体育教学过程的要素有着密切的联系。体育教学过程的基本要素主要由教师、学生、体育教材、传播媒介和教学目标等组成。这五个基本要素在体育教学过程中的关系,如图3-1所示。

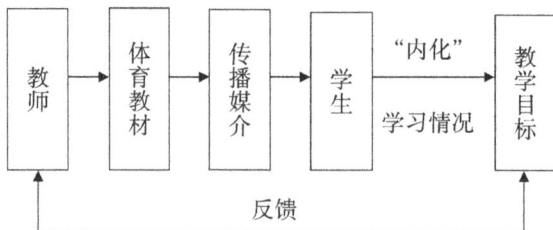

图3-1　组成体育教学过程的要素反馈示意图

---

① 吕立杰.课堂教学管理[M].长春:东北师范大学出版社,2012:28.

② 李耀新.课堂教学的组织与管理[M].广州:暨南大学出版社,2005:18.

那么,体育教师课堂管理的基本要素也是这五个要素吗? 当然不是。我们在了解体育教学过程基本要素的前提下,可以从主体和客体两方面对体育教师课堂管理的要素体系进行分析。下面,我们对组成体育教师课堂管理的各要素逐一进行阐述。

(一)体育教师课堂管理的主体

体育教师课堂管理中谁是管理的主体? 无疑,是教师。在体育课堂管理实践中,作为体育课堂管理的主体的人是指有头脑、能思维、从事体育课堂管理活动的人,是指具有体育课堂管理科学知识与技能、拥有相应职位和权利、从事体育课堂管理实践活动的人。体育课堂管理的主体是人,但不是所有的人都是体育课堂管理的主体。体育课堂管理的人可以是各级各类体育课堂管理者,即班主任、校长等,但是本书认为体育课堂管理的主体是体育教师。所以,体育教师是在体育课堂管理中起主导作用的要素。

(二)体育教师课堂管理客体系统的基本要素

体育教师课堂管理的客体,就是体育教师课堂管理的对象系统,即在体育课堂管理实践活动中,体育课堂管理的主体所作用的客观对象系统,是进入体育课堂管理主体活动领域的那些人和物。或者说,体育课堂管理客体是管理过程中所能预测、协调和控制的一切对象,是一个多种要素相互影响的复杂系统。目前对管理客体系统的构成要素,学界有各种不同的见解,如"三要素论"(管理主体、管理客体和管理方法),"四要素论"(计划、领导、组织与控制),"五要素论"(教师、学生、体育教材、传播媒介、教学目标),以及"七要素论"。从哲学的角度来看,"七要素论"指人、财、物、信息、时间、空间、事件,是一种相对而言比较全面和科学的分类方式。下面,我们将重点介绍"七要素论"各构成要素。

(1)人,即教师和学生,是体育教师课堂管理客体系统中的核心要素。体育教师课堂管理客体系统中的人,是指构成客体系统的一切必要的人员。体育教师既是管理的主体也是管理的客体,因为体育教师课堂管理要素中的人具有二重性和能动性,在体育课堂管理实践中表现为能自我调节、自我管理。

学生是体育教师课堂管理对象的主体。没有学生也就没有所谓的体育教师课堂管理。

(2)物,即构成体育教师课堂管理客体系统的一切必要物质成分、物质条件、物质基础,是客体系统中又一复杂的子系统,包括场地器材、教学设备、电气设备、体育教材、教学内容、课堂环境等。可见,对物的管理是体育教师课堂管理的物质要素。

(3)时间、空间、信息、事件四位一体,这也是体育教师课堂管理客体系统的要素。体育课堂教学一般是室外课,对时间、空间、信息、事件四位一体的合理配置和利用是非常重要的。体育课堂时空是有限的,如何在一堂体育课中让学生掌握更多的知识和技能,提高教学效率,是当前体育教师面临的难题。体育课堂环境,由多种要素构成,一般分为:显性环境,即物理环境;隐性环境,即心理环境。体育课堂显性环境是体育课堂教学中各种有形的、静态的硬环境,含有上述内容的物的成分,主要包括体育教学场地和设备、体育教学的自然环境、体育教学信息、班级规模、队列和队形。体育课堂隐性环境是体育课堂管理中无形的、动态的软环境,主要包括班风与校风、学校体育的传统与风气、体育课堂管理常规、体育课堂教学气氛、体育课堂管理中的人际关系等。

(三)体育教师课堂管理主客体的系统性

体育教师的课堂管理并不是独立存在的,也不是单一的个体,它是一个由人、物、环境构成的,不断变化且具有一定影响力的教学活动。体育教师要实施科学的课堂管理,必须全面地研究和分析管理对象的各个层面和关系。成功的课堂管理应该从动态的角度调节各环节与整体的关系,以实现体育教师课堂管理的目的。(图3-2)

体育教师是课堂管理的主体,在对客体进行管理的同时,也对自身进行管理。不能对自身进行有效管理的主体,也就不可能对管理客体进行管理,因而也就失去了管理主体的实际资格。所以,在体育教师课堂管理中,学生及管理目标的信息反馈,又作用于体育教师的管理,使体育教师在得到不断的反馈信息后,创新和改进课堂管理手段和理念,这是一个相互促进的过程。

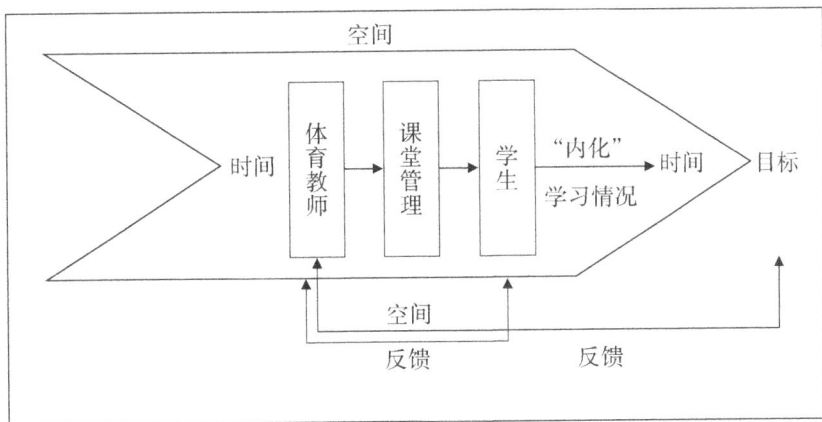

图3-2 体育教师课堂管理主客体的系统关系及反馈示意图

(四)体育教师课堂管理主客体的复杂性

体育教学中的管理活动是由多个变量组成的,它们相互交织、相互制约、相互影响。在体育教学中,存在着三种不同的变量:第一,环境变量,即课堂管理活动所处的环境对班级产生一定的影响;第二,过程变量,即教师和学生在课堂上的行为、任务对课堂管理的结果有一定的影响;第三,结果变量,即教师预期的管理成果,也就是教师制订教学管理活动计划时所依据的有效管理目标与标准。(图3-3)

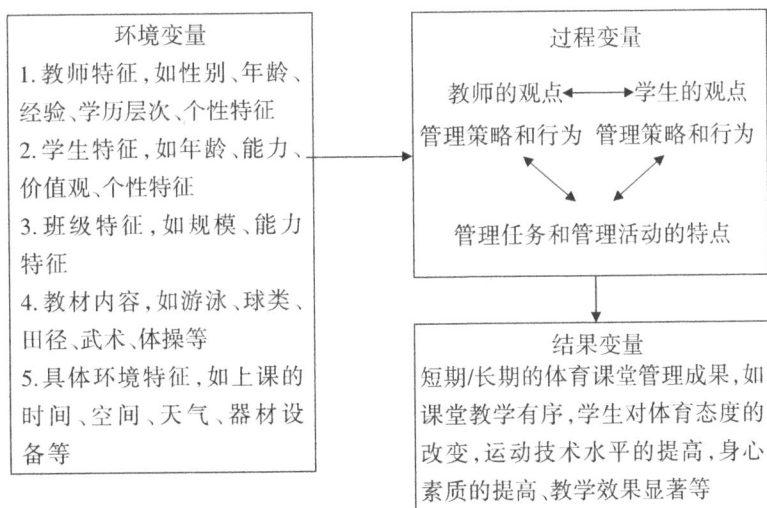

图3-3 体育教师课堂管理主客体的三个主要变量

任何一种结果变量的产生都不是由一个教学变量造成的,而是包含了一系列的教学变量。在教学管理中,师生关系是一个不可或缺的要素,其特点会因个体差异而有所不同,并因变量的不同而产生差异。从这一点可以看出,体育教师的课堂管理是一个非常复杂和多变的过程。

第二节 体育课堂教师的自我管理

体育教师在体育教学中的管理具有双重身份,既是管理学生的管理者,同时也是管理自己的管理者。作为管理者,要想把学生管理好,首先应该管理好自己,这就是体育教师的自我管理能力。自我管理能力的强弱将直接影响对他人管理的效果。作为体育教师来说,必须具备自我管理的能力,才能在课堂上对学生进行有效的管理。

一、体育课堂教师的自我管理行为产生的原因

体育教学活动是一个动态的过程,在40~45分钟的动态活动过程中,师生的知、情、意等主观因素无时无刻不在发生变化,而课堂所处的环境等客观因素也有可能发生变化。《义务教育体育与健康课程标准(2022年版)》(以下简称《体育与健康课程标准》)倡导自主、合作、探究的学习方式,课堂教学过程中发生课堂问题的概率将大大增加。这些变化的发生,往往会出乎师生的意料,从而导致教学失控,使教学机制不能正常运行,干扰教学目标的实现。

(一)主观因素导致的体育教师课堂行为失控

1.量的失控

量的失控是指教师在课堂教学内容的数量和质量方面安排不妥引起的教学失控。教学中有时因体育教师教学内容安排得密度过大或过小,练习的动作太难或太易,学生无法完成教学任务或感觉乏味,这些因素的存在都会影响正常教学。

为了避免量的失控,教师在备课时,不仅要根据体育教学大纲认真钻研课堂内容,抓重点、难点,紧扣教学要求,在合理设计教学结构和选择最佳教学方法的同时,还要考虑到教学练习的强度、密度适中,做到有层次、有梯度。

2.度的失控

度的失控是指教师在课堂教学要求的程度(即教学速度和训练强度)方面处理不妥引起的教学失控。有时因教学速度太快或太慢,学生无法承受或感觉太轻松,导致其掌握的新知识不扎实;训练的强度太大或太小,使学生在巩固练习时无法完成或感觉乏味。

为了避免度的失控,体育教师在教学中,导入新课要快,讲授新课稍慢(15分钟左右),巩固练习的训练阶段,其训练的强度应既能达到学生认知规律所能承受的程度,又不至于过分超重,并且教师应根据信息及时反馈的原则,使课堂教学得到有效管理。

3.法的失控

法的失控是指教师在课堂教学中因教学和教育方法方面的因素延误教学的正常进行。在体育教学中有时因个别学生违纪,教师教育方法不当,学生产生消极对抗的情绪,师生矛盾激化阻碍正常教学;有时因教学方法不当,该示范的不示范,学生对新知识没有获得足够的直观表象;有时因操作时间过长,学生巩固练习受到影响;有时因传导信息的媒体或器材单调,学生产生厌学情绪。这些因素都会对教学正常进行产生不良影响。

4.情的失控

情的失控是指教师在课堂管理中因课堂教学情境方面的因素而出现的教学"失态"。教学中有时因教师教法单调、枯燥,缺乏教学艺术、技巧,学生情绪低沉;有时因教师课前心情不佳影响教学气氛,学生情绪受到极大压抑,在担忧"疾风暴雨"随时到来的特定环境中,提心吊胆地度过既短暂又漫长的40~45分钟,根本没有心思学习。

为了避免情的失控,体育教师在教学中,应有意识地发挥学生非智力因素的潜在功能,让学生口、手等多种感官参与练习;捕捉学生哪怕是一闪即逝的闪光点或某种良好的学习习惯、正确的运动技能展示等并给予及时的鼓励,最大限度地激发学生的求知欲望,使学生始终心情愉快,精神饱满,力争达到教师情绪高涨、学生兴趣盎然、师生情感交融的佳境。

5.知的失控

知的失控是指教师在传授知识时因失误而引起的教学"脱轨"。教师在教学中对教学信息加工、处理的失误和教学演示及操作的失误都将导致课堂教学的严重失控,这类失控对教学的危害极大,后果严重。究其原因,主要是教师对教材理解不透彻,课前准备不充分,导致临场应变能力较差。

为了避免知的失控,教师在备课时,要吃透教材,注意教材内容同化与建构之间的联系,全面掌握学科教材知识的纵横结构,形成知识网络,真正理解每节课内容的内涵和外延,做到横有广度,纵有深度,成竹在胸,在教学中运用自如,不乱方寸,轻松驾驭教学。教师课前必须熟练掌握示范动作,切不可似懂非懂,全凭临场发挥。教师要真正做到讲授知识准确,教学示范动作正确熟练,使教学效果产生增益效应。

6.行的失控

行的失控是指教师在教学中因行为失当而引起的教学"脱轨"。如教师课堂中进行体罚,不仅使被罚学生无心学习,也会使其他学生产生急剧的心理变化,影响教学的正常进行。

为了避免其他因素影响教学,就需要教师平时多问勤学,不断总结教育、教学经验,不断提高自身的业务素质和教学艺术技巧,不断加强对教学中的应变能力的培养。

(二)客观因素导致的体育教师课堂行为失控

1.不可控事物的出现

体育课堂教学一般是室外教学,很容易被周边某些不可控的事和物干扰,如喧嚣刺耳的声音从远处传来、某个学生突然生病等,必然会分散师生的注意力,打乱正常的教学秩序。

2.常态环境变化

常态环境只是相对某一段时间而言的,不可能长时间没有变化,而这些变化发生之处,也会导致课堂管理失控,如体育教学场地或器材的布置发生了变化、班上来了新同学或新老师、教师的服饰不同往日、天气的突然变化等。

3.课堂管理跨度过大

有的班级学生数量太多，一个班甚至多达七八十人。教师一堂课下来，有精疲力竭之感，其原因之一是课堂管理跨度过大，不易进行管理。一些教育发达国家的中学规定三十人一个班，我国对班级学生人数也有规定，一般为五十人左右一个班。适当的班级学生数额有利于教师进行课堂管理，督促每个学生顺利完成学习任务。

概括起来说，教学内容的深浅、内容安排的多少、教学方法的选择、教学节奏的快慢、教学时间的安排、师生情感行为的变化、客观环境的变化等，都有可能导致课堂管理失控行为的发生从而影响教学的正常进行。所以，课堂教学过程中总是充满了各种变数，作为体育教学活动主导者的教师，应该有充分的思想准备，随时采用恰当的方法灵活处理课堂问题。

那么，在体育课堂教学中体育教师应如何进行自我管理呢？体育课分为理论课和实践课两类不同性质的课堂，主要分为课前、课中、课后三部分。因此，体育教师的自我管理也分为体育教师课前、课中、课后的自我管理。体育教师课前、课后的自我管理与"静态"的体育课堂组织的内涵具有相似性；体育教师课中的自我管理与"动态"的体育课堂组织的内涵具有相似性。

二、体育教师的自我管理行为

体育教师的自我管理行为主要包括课前的自我管理，课中的自我管理以及课后的自我管理，针对不同情境，体育教师需及时调整自身的管理应对策略。

(一)体育教师课前的自我管理

课前的自我管理对体育教师课堂管理的有效性是非常重要的。课前准备工作不到位，直接影响整个体育教学过程的管理及教学目标的实现。体育教师课前的自我管理主要体现在以下几方面。

(1)体育教师要忠于教育职业，不离岗、不失职，有奉献精神。同时，尊重、信任、严格要求学生，既能一视同仁，又能因材施教，知识广博、精通专业，不断地提高自身文化素养。

（2）课前体育教师应该按学年、学期教学工作计划的基本要求，认真制订课时计划，能正确地把握课程标准。

（3）课前教学内容准备方面的管理。首先，要全面透彻地领会体育课程标准，力求按照课程标准的要求进行教学，以使学生牢固地掌握课程标准中所规定的全部内容，达到课程标准要求的水平；其次，要熟悉示范动作要领和教学程序；最后，要写好教案，备好课。

（4）了解学生课前的身体、思想及学习情绪等情况。教师调整自我情绪，穿好运动服，做好上课准备。

（5）提前到达体育教学场地进行场地的布置与检查，预防安全隐患。体育教师做好教学场地器材的准备工作，是上好课和实现教学目标的物质保障。进行场地器材的布置时应注意以下几点：①场地器材的布局与使用要合理，可移动器材应尽量向固定器材靠拢；②场地器材的布置应符合锻炼、卫生安全的要求，课前应认真检查，严防发生伤害事故；③场地器材的布置要有利于练习轮换时的队伍调动，有利于增加练习的密度和产生适宜的生理负荷；④场地器材的布置要有利于教师对课程的调控和辅导学生。

（二）体育教师课中的自我管理

体育教师课中的自我管理与体育教学过程的管理有着非常密切的关系。因为体育教学过程的管理是一个教师、学生、教学环境三者之间相互影响的管理过程，对其中任何一个因素进行单一阐述都很难阐述清楚，所以，本节只是单从教师自身管理方面进行以下几方面的阐述。

1.自控能力

在体育课堂管理过程中，教师要注重自身的言行举止、管理仪态，心态要沉稳，对待学生要和善、亲切、自然。因为教师的管理仪态和心态直接影响着课堂管理的气氛、师生交往的关系，影响着体育教师课堂管理能否顺利进行。体育教师要学会自控，自控主要分为以下三种。

（1）意识自控。所谓意识自控是指体育教师在课堂教学管理中要有明确的自我意识，并根据这种自我意识理智地控制自己在课堂管理上的言语和行为。这是体育教师管理自己的基础,在体育课堂管理中教师所要了解的第一件事就是他自己。首先,自我意识的控制可以帮助教师对自身的管理行为进行适当的调整和控制,从而确保班级的有序;其次,提高了体育教师的自觉性;最后,在体育教学中,应注意"权威"心理的存在。有些教师不肯承认自己的缺点,明知有些观点是正确的,却又不肯改变自己错误的教学方法,并且很容易因此放松对自己的要求。长此以往,会使学生对教师的课堂产生抵触情绪,从而导致厌学。

(2)情感自控。体育教师应注意情绪的调控。在体育教学中,控制负面情绪是最基本的专业素养。体育教师要做到以下几点:第一,不给学生带来负面情绪。教师的工作时间较长,工作任务繁重,容易产生消极的情绪,如烦恼、焦虑等。因此,教师要将自己的负面情绪排除在课堂外,不要因为自己的坏心情而迁怒于学生,将无名之气发泄到学生身上。有些教师没有激情,没有对学生的错误进行善意的批评,反而用尖锐的语言进行挖苦和责备,这样就会分散学生的注意力,从而影响课堂的学习效果。第二,不应被学生的情感所左右。在体育教学中,一些不良的行为是不可避免的,如不守纪律、顶撞老师。在这个时候,体育教师要时刻警醒自己,保持镇定。只有冷静下来,才能保持理智,避免教育上的失误。第三,要重视情绪控制,不能偏袒优等生,不能歧视学困生。一般来说,优秀的学生有很多优点,容易得到教师的青睐,而学困生则容易引起教师的反感。教师的这种好恶心理很容易在课堂上表现出来,从而影响到师生关系和教学氛围。对优秀生的偏爱,会给其他学生留下教师不公正的印象,进而影响他们听课的积极性,对全体学生的发展造成负面的影响。对学困生的成见,不但阻碍了他们的学业发展,而且伤害了他们的自尊,使他们的学习热情受到了极大的损害。所以,在教学中,教师要一视同仁,让每一位学生都能感觉到教师对他们的尊敬与信赖,教师要用真诚、热烈的心来温暖他们的心灵。真诚的情感可以激发学生的学习动机和兴趣,是实现高效课堂管理的关键。

(3)行为自控。在体育教学过程中,教师的某些行为常常难以被自身觉察到。比如,在体育课上,有些教师常说"口头禅",而有些学生则特别敏感,往往会把注意力放在教师能反复说几遍的问题上;有些体育教师表情僵硬,始终板着脸;有些教师对学生大喊大叫。教师的这些行为往往会使学生产生不满,从而引发课堂问题。这些行为特点,值得广大体育教师思考。体育教师的严肃并不是严肃的表情,严肃的表情只能让学生感到恐惧,且只是表象,没有实质性的影响。因此,在教学中,体育教师要做到热情、大方、仪态得体、言谈举止优雅、态度好、上课不拖拉。体育教师在课堂上的良好表现,对提高学生的注意力、确保教学秩序起着至关重要的作用。因此,体育教师必须严格遵守教学纪律,并在教学中时时注意自己的言行。

2.管理技术

体育教师在管理技术方面,需要全面、多样、灵活、巧妙,能掌握多种管理手段;能灵活地选择和使用恰当的管理方法,又不拘泥于某一种或某几种方法;能够随机应变、得心应手,学有新术、管有新招,不断提高自身的管理水平。

(三)体育教师课后的自我管理

所谓体育教师的课后自我管理,主要是体育教师通过整理来自学生和自己的在管理过程中的反馈和评价信息,在互动中不断提高自我的管理水平。体育教师课堂管理过程实质上是师生双向交流信息的一个有序、动态的管理和反馈的过程。体育教师课堂管理的反馈是多层次的,可分为即时反馈和延时反馈两种,延时反馈又可分为中时反馈和长时反馈。学生在课堂中的纪律、学习情绪、练习情况、课堂提问、随堂测验等属于即时反馈;单元、阶段考核属于中时反馈;学期考试、毕业考试属于长时反馈。体育教师课后的自我管理就是要通过这种反馈和评价信息来提升管理能力。

另外,体育教师还应具备课堂管理的反思能力。体育教师应该经常对自己的管理行为、管理模式进行总结、反思。因为反思实践活动有利于体育教师从压抑的、常规性的行为中解放出来,以一种深思熟虑、目的明确的方式方法指导自己的教学管理活动,改进课堂管理实践模式,提高课堂教学管理能力,使体育教师凭借自身的努力成为一个更优秀、更熟练、更专业的教学专门人才。

三、如何提高体育教师自我管理的能力

首先,教师应具备良好的思想修养和意志品质,树立强烈的角色意识,不断控制和克服各种消极情绪,尽最大可能地使自己的精神面貌处于最佳状态,能够根据教学实际适时调整教学计划、教学内容,及时改进教育手段、教育方法,妥善解决工作中、课堂教学中出现的各种问题。

其次,对自己的工作环境、工作性质有一个正确的定位和了解。教师职业的特殊性决定了该职业不可能和其他职业一样具有很强的流动性和不确定性,教师职业需要的是周而复始地重复同样的工作,需要很强的耐性。很多教师在刚开始从事教育事业的时候也是激情满怀、兢兢业业,但是随着时间的推移,就出现了职业倦怠,工作缺乏积极性,工作无计划性,同时也缺乏自我管理,久而久之,就导致教学效果不理想。因此,体育教师要提高自我管理的能力,要善于接受新思想、新观念,不断掌握新技能,适应教学手段日趋现代化的发展趋势,勇于接受科技革命和市场经济对教育的挑战,具备良好的职业认同感。对自己的工作有一个全新的认识,不断克服工作中出现的职业倦怠,避免出现无计划和随意性,保持健康、乐观、豁达、向上的心境,减少市场经济的负效应及各种不良情绪对自己的影响。

最后,具备了自我管理的能力,是否就能很好地管理自己与他人了呢? 在日常的工作中有很多教师也是兢兢业业,工作有计划,但是教学的效果却不是很好,这主要原因还在于缺乏科学的管理方法和手段。无论是教师的自我管理还是对学生的课堂教学管理,都应具有强烈的学习意识和良好的自学能力,都要注意方式方法,掌握科学的管理理念、管理方法和手段,合理安排教学目标,进行有效规划,提高决策力和工作效率,做到事半功倍,切实提高管理的效率。

总之,体育教师在实现自我管理的时候,还可以通过明确专业发展目标,激励自己,时刻提醒自己,提高个人责任意识,调动学习积极性,提高自身行动力、毅力、自信心,形成一套行之有效的自我管理方法。[①]从而在学生的心目中

---

① 蔡月桂.中学教师自我管理能力的现状及培养对策研究——以漳州市6所公立中学的调查为例[D].漳州:闽南师范大学,2016.

树立较高的威信,营造和谐的体育课堂气氛,顺利完成体育教学任务,促进学生的健康成长。

第三节 体育课堂对学生的管理

体育课堂管理是体育教师和学生所组成的双边活动过程,是教师和学生提高认识和实践探索的过程,也是在教师引导下培养学生自律行为的过程。处于生长发育关键时期的学生是体育课堂管理过程构成的基本因素,也是体育教师课堂管理的主体对象。

一、对学生身体发展规律的认识

学生的身体发展随年龄的增加而变化,呈现出波动性、分期性等特点。学生的生理发展是一个不断改变的过程,包括器官的发育、结构上的精细,以及功能上的进步。青春期是身体发展最快的时期,其发展的重点是身体形态的发展、身体机能的提高、体能的全面发展、机体适应性的提高。(图3-4)

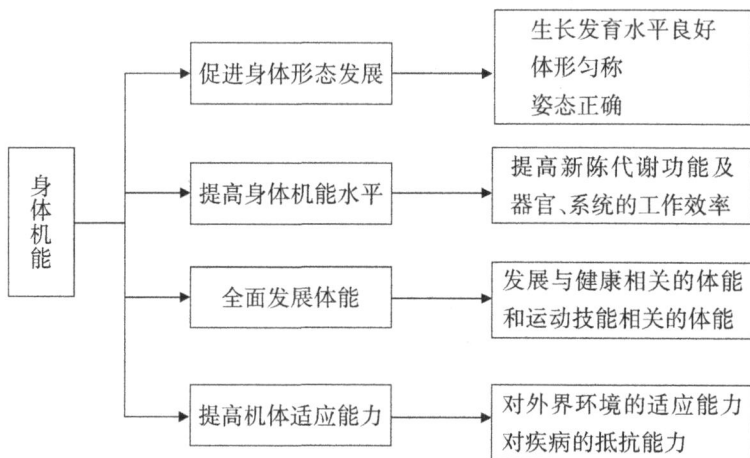

图3-4 身体机能[①]

---

① 范海荣,欧阳林.大学体育[M].上海:复旦大学出版社,2009:21.

(一)学生身体形态发展的主要特点

身体形态是身体的外部形状和特征,主要指体格、体型和身体姿态,一般是由长度、围度、重量及其相互关系来表现的。身体形态发育主要受遗传因素和后天环境的影响。依据青少年学生的身高、体重、胸围、肩宽、骨盆宽等重要形态指标的年增长值、年增长率作概略的年龄划分,把10岁以前作为第一阶段,10~20岁作为第二阶段。学生身体形态发育的高峰出现在青春期,随后,发育增长速度逐渐减慢,直到成熟为止。10岁前男女学生形态发育的差异不明显,而男女学生青春期的开始时间并不一致,一般女生较男生早2~3年。

由于学生身体形态发育具有不平衡性,身高增长的速度相对要比体重快,存在"身长体轻"的特点,肌肉的支撑力相对较弱,易出现脊柱异常弯曲等现象。研究表明,在不同的年龄阶段,城市和乡村的男生与女生的身高、体重存在差异。通过对差异进行整体分析,发现不论是男生还是女生,城区的平均身高与体重都普遍高于乡村。[①]这对学校体育教学内容的选择提出了新的要求。

(二)学生身体机能发育的主要特点

1.神经系统

学生的神经活动是不稳定的,其兴奋和抑制过程容易扩散,其活动强度和集中度都比较低,表现为活跃,注意力不集中、不协调、不准确,易产生多余的行为。这是由于初中生的大脑活动以第一信号系统为主,主要依靠具体的直觉图像来形成条件反射,而第二信号系统则比较薄弱,逻辑性比较差。初中过后,学生的抽象思考能力在逐渐增强,两个信号系统之间的联系也变得越来越紧密,他们的分析能力也有了明显的提升,能够迅速地形成条件反射。但是,由于其分化能力还不健全,难以熟练地完成复杂、精细的动作,并且抑制能力较低。到了高中阶段,学生的神经系统已完全成熟,其脑组织功能已接近成年人,其兴奋与抑制过程处于平衡状态,其中第二信号系统就是主要的调控机制,同时女生的分化能力发展一般比男孩要早。[②]

① 岳盼.城乡中小学生体质健康状况比较与分析[J].当代体育科技,2015,5(1):34.

② 梁占歌.体育与健康课教学设计经典案例研究[M].合肥:安徽大学出版社,2016:18.

根据这一时期的特点,小学、初中阶段,体育课堂管理的方式应丰富多彩,体育教师应有耐心和热情,管理模式应多变,在课堂管理中多采取鼓励、表扬等方式。到高中、大学阶段,学生的中枢神经系统发育已经完全,大脑皮层分析和综合能力明显提高,第二信号系统的发育达到较高水平,因此体育教师可多采用民主的管理方法。

2.骨骼肌肉系统

青少年骨骼发育的特点是:长骨(股骨、肱骨)生长迅速,骨骼弹性大,但硬度低,易弯曲形成畸形。骨化进程随年龄增长而发展,对骨骺在长骨末端的生长活动,适宜的生理负荷是有利的。肌肉的生长主要通过肌纤维延长的长度来体现。小学生的肌肉横断面面积小、肌纤维细、含水量高、蛋白质含量低、耐力低、容易疲劳,但复原能力强。到了高中阶段,学生的肌肉长度、横断面面积均有所增加,肌力增加,耐力训练的强度因此也要随之增加。

3.呼吸系统

儿童和青少年的呼吸系统随着年龄的增长而不断发展,其功能也在不断加强。初中生胸部较小,呼吸肌较弱,呼吸表浅,呼吸频率高,肺体积小,肺活量低,呼吸功能差。在高中阶段,学生的呼吸肌肉变得更强,呼吸频率更低,肺活量也更大。

针对这一特点,小学体育教学应该加强促进胸部发育、改善呼吸功能的锻炼,可以选用耐力跑、游泳等项目,但要控制力量,不能憋气。对于高中及以上的学生,可以安排一些锻炼肺部功能的活动。

4.心血管系统

中小学生的心脏发育不如骨骼肌快,心肌纤维细,心肌收缩力较弱,心率较快,心脏每搏输出量比成人低。随着年龄的增长,心肌收缩力逐渐增强,心率逐渐减慢(表3-1)。[1]

---

[1]吕媛媛,陈贻珊,刘大庆,等.7~14岁儿童青少年心脏形态结构功能发育特点及评价敏感指标筛选[J].北京体育大学学报,2017,40(4):47.

表3-1 不同年龄和性别的中小学生的心脏功能指标比较($x\pm s$)

性别	年龄	心率(次/分)	每搏输出量(mL)
男	7~8	98.39±11.14	36.67±4.95
	9~10	97.52±12.57	37.05±10.52
	11~12	96.74±13.85	39.52±10.76
	13~14	91.98±13.29	43.83±12.91
女	7~8	99.45±11.82	36.11±7.27
	9~10	98.71±13.76	35.95±9.02
	11~12	96.19±13.80	38.96±9.78
	13~14	94.22±13.06	43.09±9.34

根据这一特点,在安排体育课运动负荷时,练习密度可稍大些,强度不宜过大,尤其持续时间长的耐力性的练习强度不宜过大。随着年龄的增大,运动负荷的强度可相应增大,但必须遵循渐进性原则。

(三)学生体能发展的主要特点

学生的体能发展具有特殊性、综合性、不平衡性以及渐进性的特点。特殊性是指不同年龄阶段的学生应有针对性地选择体能锻炼的内容、练习手段、练习形式等;综合性是指体能发展水平是由身体形态、身体机能和运动素质的发展情况决定的,同时体能锻炼具有育人的功能,倡导寓教育于身体活动之中;不平衡性是指由于遗传因素和后天环境因素的影响,体能的发展具有明显的个体不平衡性的特点;渐进性是指体能发展一定要遵循人的认识规律以及身体发育的规律,循序渐进,逐步提高。

在体能发展的过程中,不仅存在一个连续增长速度较快的时期,而且还有一个体能发展的敏感期,即将体能增长较快的年龄阶段称为体能发展的敏感期。大量研究资料表明,各项体能发展的敏感期是不一样的(表3-2)。一般来说,在身体形态突增1~2年后,即出现体能发展的敏感期。男女学生在生长发育过程中存在着明显的性别差异,因此体能的敏感期也不相同。学生各项体能增长的速度有快有慢,出现高峰的时间也有早有晚,因此各项体能发展的顺序也有先有后。

表3-2　各项体能自然发展的敏感期[1]

体能	敏感期(岁)	体能	敏感期(岁)	体能	敏感期(岁)
绝对力量	10～13	动作速度	7～9	平衡能力	6～8
相对力量	14～17	最高速度	7～12	模仿能力	7～12
速度力量	7～13	短时耐力	10～15	协调性	10～12
反应速度	7～11	长时耐力	14～16	灵敏性	10～12

二、对学生心理发展规律的认识

所谓学生心理发展是学生个体心理所发生的积极的心理变化,主要包括学生的认识发展、情感和意志发展、个性发展三个方面。

(一)学生认识发展的特点

1.学生感知的特点

感觉是人脑对直接作用于感官刺激物的个别属性的反应,知觉是对事物整体的反应。在小学阶段,小学生感知能力较差,具有随意性、情绪易冲动的特点,抽象思维尚未形成,其思维形式以感觉运动模式为主,这一时期的学生模仿能力较强。小学生往往对新颖的示范动作很感兴趣,而对教师的讲解则缺乏热情,因此,教师应多运用正确、生动的讲解,加上优美、形象的示范,通过直观的方式来提高学生的感性认识。到中学阶段,学生的感知能力大幅度提高,能比较全面地感知事物,尤其运动知觉是随着年龄的增长而提高,并通过大量的运动实践,在实际体验中逐渐发展起来的。高中阶段学生的抽象思维能力仍有较大幅度提高,但是运动知觉还必须通过一定的动作练习,才能逐渐分化为精细、准确的运动知觉。

(1)学生的空间知觉能力。空间知觉是人脑对客观事物空间特征的反应,

---

[1] 本书编委会.现代高校公共体育管理与体育科学研究:第一卷[M].北京:中国建材工业出版社,2006:15.

是通过人的视觉、触觉、动觉等多种分析器的协调活动而产生的。在体育教学中,小学生的空间知觉中视觉起着主要作用,如做基本体操时,手臂上下、左右、前后的位置能识别清楚。到了中学阶段,这种空间知觉已接近成人,经过体育教学与锻炼,这种能力可以达到很高的水平。

(2)学生的时间知觉能力。时间知觉是人脑对客观现象的延续性和顺序性的反应。小学生对体育运动中时间的感觉是不够清晰的。在体育教学中,为了使学生更快地掌握动作要领,教师应根据学生对时间知觉的不同要求以及学生现有的时间知觉的水平进行教学。因此,教师必须了解学生在时间知觉方面存在的差异,并针对这些差异和教材的特点来上课,使学生掌握自己的时间知觉的变化特点,并随时进行调节,这对提高体育教学效果和加强体育教学过程的管理有着重要的意义。

2.学生思维的特点

思维是人脑对客观事物的间接、概括的反应,是认识过程的高级阶段,即理性认识阶段;思维是人脑对客观事物本质和事物之间内在联系的认识过程。

学生思维的发展是从具体到抽象,从低级到高级,既有连续性又有阶段性的发展变化的过程。在小学阶段,学生的思维处在从具体形象思维向抽象思维过渡的时期。到了初中阶段,学生的抽象逻辑思维便开始占有相对主导的地位,这既是个体思维发展中的一个质变,也是青少年期思维发展的一个主要特点。青少年期思维发展的另外一个特点是思维的独立性和批判性有了显著的发展,但在很大程度上还属于经验型。高中生的思维具有更多的抽象概括性,辩证思维开始形成,思维的独立性和批判性更加鲜明,思维的片面性有所改善,逐渐从经验型过渡到理论型,他们能解释和论证事物或现象之间复杂的因果关系。

3.注意的特点

注意是心理过程对有关对象的指向与集中。小学生有意注意水平不高,无意注意起重要作用。例如,上体育课时,学生开始还按照教师的要求听讲或练习,但持续时间不长,一有新奇有趣的外界刺激就可能导致注意力分散,所以教师要经常采用集中注意力的游戏进行练习。随着年龄的增长,到了中学阶段,学生的有意注意发展显著,稳定性提高,注意范围扩大,注意的分配和转移能力不断发展,自觉性和灵活性也有所增强。在这一阶段,随着注意的发展和抽象思维能力的提高,学生能较好地调节和控制自己的注意力,为系统地掌握体育知识和技能奠定了基础,但注意力在一定程度上仍受兴趣、爱好的支配。

(二)学生情感和意志发展的特点

1.情感

情绪是一种对客观事物的态度和对其行为的响应。中学生处于青春期至成年阶段之间,这一时期是身体和心理发展最快的阶段。中学生情感丰富,个性鲜明,但情感控制能力较差。在游戏或竞赛中,当对方个体或团体为胜利而欢呼时,他们也会因为一时的失败而沮丧。从情绪的发生和发展来看,初中阶段学生的情绪特征是:情绪的强烈、冲动、丰富、不稳定;情绪呈现间断性、渐进性、逐步形成的特点。

2.意志

意志是指人类为了达到既定目标而有意识地战胜各种困难的心理过程。小学生意志的独立性、果断性、坚韧性、自我控制力都较弱,往往依赖于外在因素的作用。在中学阶段,他们的自主性和毅力得到了很大的发展,他们的自控力也得到了提高,他们充满了活力,有时甚至认为自己的力量是无穷的。但是,其认识还没有发展到与身体素质相适应的程度,所以很容易高估自己的能力,从而冲动地做出决策,并且匆忙地做出行动。

(三)学生个性发展的特点

人格是一个人的总体形象,也就是使一个人与别人区分开来的意识倾向,以及那些频繁出现的比较稳定的心理特点。人格包括人格的心理特征和人格的个性倾向。

人格心理特征包括气质、性格、能力三个方面,气质受基因的影响,而性格则主要受环境和教育的影响。能力的发展,因人而异,有高有低。

个性倾向性由需要、动机、兴趣、信念和世界观等构成。对中小学生来讲，动机和兴趣是其个性心理的集中表现。对小学生来说，直接动机占主导地位，而随着年级的升高，间接动机更显重要。因此，体育教师应有计划、有组织地加强体育锻炼目的性的教育，不断激发学生正确的锻炼动机，使之成为推动学生自觉学习、锻炼和从事专项训练的动力。就小学生的体育兴趣而言，一般都具有多样性这一特点。到中学阶段，学生的体育兴趣不断分化，并表现出明显的性别差异。男生多喜欢负荷量大，竞赛性强，表现机智、灵活、敏捷的运动项目，如球类、田径、武术等；女生则喜欢动作轻快、优美、节奏韵律感强、运动强度不太大的运动项目，如舞蹈、艺术体操、健美操等。

知识链接

三、对学生体育课堂问题行为的认识

体育课堂问题行为是指体育课堂中发生的违反课堂规则，妨碍及干扰课堂活动正常进行或影响教学及活动效率的行为。在体育课堂教学中经常出现一些不和谐的行为——课堂问题行为，给正常的教学工作带来较大的负面影响。它不但直接影响体育教学效果，而且影响学生的身心健康发展和人格的完善。

(一)学生体育课堂问题行为的表现形式

体育课堂问题行为具有普遍性，不仅体育学困生有课堂问题行为，优秀生也会有问题行为，只是发生的数量、频率和程度轻重不同而已。学生体育课堂问题行为主要表现有以下几种。①惹人注意。故意做一些怪异的动作、表情等，发出怪声，随意插话，课堂上大声喧哗。②侵犯他人。因体育行为矛盾打骂、指责、嘲笑同学，或者用语言攻击，对他人身体、心理进行侵犯。③反抗权威。无故迟到、早退、旷课，不服从体育教师的管理。④注意力涣散。思维不集中，注意力转移，与同伴说话，四处张望。⑤胆怯退缩。紧张、羞涩，不自信，害怕教师提问。⑥抗拒厌学。对教师的要求敷衍了事，对体育学习不认真，不感兴趣的运动项目不愿参加,找各种理由不参与体育活动。[①]

(二)学生体育课堂问题行为的成因分析

学生体育课堂问题行为的出现主要是教师因素、学生因素和环境因素共同作用的结果。其中教师因素主要表现为上文所提到的主观因素。例如,教师专业水平低,不能吸引学生;教学内容安排得不合理,对学生的要求过高或过低;教学方法的单调枯燥;教师管理能力差,组织形式不合理,课堂教学秩序混乱;等等。学生因素主要表现为学习态度不端正,纪律意识差;对体育学习的兴趣淡薄;体育学习能力差,身体素质不好;活动中同学相互取笑;等等。环境因素主要表现为家庭教育方式不正确;受社会不良风气的影响;学校教学设施不完善,学校对体育不重视;天气等自然条件的限制;等等。这些因素的共同作用必然会导致学生在体育课堂上出现种种反常的行为。下文笔者主要从学生方面对体育课堂问题行为的成因进行分析。

1.学生自身的各项素质

(1)生理因素。研究表明,学生的年龄、性别在出现纪律问题方面存在着明显的差异。如在小学阶段,男生的问题行为表现为外向型,呈显性状态,较易被发现与制止,女生则表现为内向型,呈隐性状态,在课堂中不易被发现与制止。[②]另外,生理上的不健康,发育期的不适、紧张、疲劳和营养不良等都会影响学生的行为;有些学生在课堂中的过度活动是由轻微脑功能失调(MBD)造成的。教师对这些由生理因素而引发不良行为的学生应该热切关心,帮助他们掌握克服冲动的方法。

(2)心理缺失。心理缺失是构成学生问题行为的重要原因,主要反映为焦虑、抑郁等。学生在课堂上的焦虑通常是由于过多的压力和不和谐的人际关系以及自尊心受到伤害引起的,学生心情焦虑容易产生敏感、激动情绪,时常会出现冲动行为,借机在课堂上发泄,以维护自尊心免受伤害。

(3)心理需要。得到教师的关注是学生的一种基本需要。一些自尊心较强但因为成绩较差或其他原因得不到集体和教师承认和关注的学生,往往会

---

① 曹英,尹海.学校体育教学中常见的问题链与矫正措施[J].教学与管理,2018(18):112-113.
② 季悦慧.小学生体育课堂问题行为的研究[D].济南:山东师范大学,2019.

故意在课堂上制造一些麻烦,如模仿教师的动作,把脏东西放在同学的书包或衣服口袋里等,制造事端,以破坏课堂纪律的方式来寻求教师和同学的关注。

(4)学习兴趣和求知欲。学习兴趣和求知欲是影响学生注意力、自制力、学习积极性的内在因素。

2.学生的疲劳程度

学生在课堂上学习的时候,长期处于思维活跃的状态中以及压力之下,很容易产生疲劳,从而影响学生的注意力。学者们普遍认为,7~10岁、10~12岁、12~15岁的学生,注意力集中的时间是15~20分钟、20~25分钟、25~30分钟。越是年纪小的学生,他们的精神状态就越不稳定。精神不稳定是由大脑神经细胞的疲劳引起的。在疲倦时,学生不能专心学习,思维也较容易被分散,而低年级的学生也容易做些小动作。[①]

3.班级的学习风气

在一个学习成绩和纪律状况较差的班级,教师进行课堂教学会感到吃力,而在一个学习成绩和纪律状况较好的班级,教师会感到轻松愉快。班级的学习风气是教师和班集体长期努力奋斗的结果。体育教师应配合班主任,采取有效的教育方式,使班级形成良好的课堂规范和学习风气,并利用这种风气规范全班的课堂活动。

四、体育教师对学生的管理原则

体育课堂管理是体育教师和学生所组成的双边活动过程,是教师和学生共同提高认识和实践探索的过程,也是在教师引导下培养学生自律行为的过程。那么体育教师应该如何对学生进行课堂管理呢?本节在对学生身心发展的规律、学生行为表现以及产生课堂问题行为的因素进行阐述时,渗透了不少体育课堂管理的理念。下面笔者主要从维护学生的课堂纪律及培养学生的自律意识方面谈谈体育教师应该如何管理学生。

---

① 张应红,钟汝达.课堂教学技能[M].武汉:武汉大学出版社,2014:203.

(一)课堂纪律的建立和维护

1.建立和执行必要的体育课堂教学常规

体育课堂教学常规是实现严密的课堂教学组织以及正常的课堂教学秩序的保证。在课堂教学中,严格遵守课堂常规对保持良好的课堂教学秩序,严密组织教学,培养学生良好的思想道德品质,实现课的教学目标都有十分重要的作用。

为了使学生能较好地配合体育教师积极参与体育学习活动,体育教师应向学生明确指出可以做的和不允许做的行为。为了维持良好的课堂教学秩序,体育教师要防患于未然,尤其是在刚开始上课的时候,一定要执行常规,待学生逐渐适应并养成习惯后,再使教学具有更多的灵活性。体育课堂教学常规一般包括课前、课中、课后三个部分。

(1)课前常规。学生课前应以饱满的精力、高涨的情绪,做好上课的准备;穿好运动服;提前到达教学场地,并协助教师布置场地。

(2)课中常规。课铃响后,学生准时在教师指定的教学地点集合,体育干部整队并检查人数,报告教师上课、请假、见习生的人数;学生服装要整齐,并符合上课的要求;要服从教师的统一指挥,遵守纪律,友好协作;爱护体育器材,积极参与教学过程,认真完成学习任务。

(3)课后常规。师生应及时收拾并归还教具、器材。学生应按教师布置的作业,认真复习练习,以达到巩固课中学习的内容、保证身体得到合理活动的目的。

2.适当地给予学生制订常规的权利

任何团体的存在都需要有相应的规则加以约束。规则的制订可以是文字形式的,也可以是口头形式的。制订规则不是为了抓住学生的错误,只是一种帮助其养成良好习惯的手段。体育课堂中的规则多以教师口头要求的形式出现。例如,体育课中不准穿皮鞋,不准打闹等。如果规则制订得合理,学生会无条件地服从;如果规则制订得不合理,与学生的想法大相径庭,学生很容易产生逆反心理,甚至故意与规则作对。因此,教师应给予学生一些制订规则的权利,并对那些合理的要求予以肯定和实施,对那些不合理的要求予以协商和调整。学生对自己制订的规则会持有自觉服从和负责的态度,但教师应灵活执行规则,不能一概而论。

3.对体育课堂教学常规的维护

违反课堂纪律的现象有的是学生造成的,这就要求教师要善于使用引导、劝说的方式,逼不得已时才实施惩罚。当然,惩罚应该恰如其分,千万不可将考试扣分等当作惩罚手段。而有些违反课堂纪律的现象是教师自己造成的,如上课迟到早退,工作作风粗枝大叶,组织教学松松垮垮等,在这种情况下,教师就应该加强自身的修养。

4.及时妥善地处理违纪行为

学生在学习过程中出现违纪行为时,教师必须迅速做出反应并及时处理。在处理违纪行为时,尽量不要中断教学的正常进行,尤其是不要频繁地中断教学来处理违纪行为。一般在处理学生违纪行为时应遵循以下几个原则:

第一,教师应该把学生的纪律问题看作自己教育生涯中自然而平常的一部分,尽量不要诉诸权力,而应该用平常心看待,教会学生解决问题的方法。第二,关注学生正当的需要,教给学生用正确的方式满足个人需要的技能,这样可以减少学生违纪行为的发生。第三,在处理学生违纪问题时,要注意维护学生的尊严,以不伤害学生的自尊心为前提。第四,注意改善学生的学习环境,为学生创造一个宽松、愉快、和谐的学习环境。第五,让学生参与到解决纪律问题的过程中,实现教师和学生的共同管理。这样,学生的主体地位得到体现,让他们认识到自己角色的重要性,激发他们的自我责任感,增强自我管理的能力,从而降低体育教师课堂管理的难度,节约更多的教学时间。

知识链接

5.正确运用奖励与惩罚

奖励与惩罚是维持纪律、进行课堂管理的重要手段。奖励积极性的行为是课堂管理中维持纪律的最有效方法之一。当学生的积极性行为得到奖励后,这种行为将得到巩固与强化,而体育课中的奖励方式通常是非物质性的。同时为了维持纪律,一定的惩罚是必要的。在体育教学中,惩罚的方式有两种:一是挫折型,即暂时中止违纪学生参加体育学习活动的权利;二是否定型,即当众批评、课后留下等。在运用惩罚时,教师必须让学生明白,惩罚是因为违纪,一般情况下不进行集体惩罚。

知识链接

(二)培养学生的自律意识

在教学过程中,体育教师的职能主要是帮助学生确定适当的学习目标,制定达到目标的计划,并确认其最佳途径,教师要坚信每个学生都有学习的潜能,指导学生养成良好的锻炼身体的习惯,培养学生掌握学习方法的能力,并充分调动学生学习的积极性,为学生提供便利,为学生服务,与学生一起分享快乐。

教育使学生形成人的自我教育和管理意识,成为"自治"的人。学生课堂上的自我管理表现为:能够自我认识、自我分析、自我评价,既能发现自己的优点和长处,也能看到自己的缺点和不足,不断提高自觉性;能够自我体验、自我激励和自我调节,不断提高情感的自控能力;能够自我反思,自主维持课堂纪律,自觉解决课堂出现的问题,积极寻求改进措施和策略。教师的管理要逐步实现学生由他律向自律的过渡。

第四节　体育课堂对教学内容的管理

教师对教学内容的管理是管理好课堂的核心,是课堂管理的灵魂。教学内容贯穿于整个教学过程,始于课前准备,终于课后总结。因此,教师对教学内容的管理可以分为课前教学内容的准备管理,课中对教学内容的处理管理以及课后对教学内容的总结反思管理三个阶段。

一、教学内容的内涵及选择

体育教师课堂管理与教学内容息息相关,课堂管理效果因教学内容的选择会有不同,因此,体育教师在选择教学内容时,需调整课堂管理方法。

(一)教学内容的内涵

当今很多学者对教学内容的内涵进行了界定,顾明远等人认为,教学内容指学校传授给学生的知识、技能、技巧、思想、观点、信念、言语、行为、习惯的总和。曾天山认为,教学内容指学习者必须掌握的在编制的计划和课程中所明示了的教学知识信息——物质的或观念的客体中客体化了的人类的本质能力(知识、能力、行为方式)。教学内容,即"教什么"的问题,它是教育教学活动中不可缺少的要素之一,是教学论需要首先回答的问题,是教师和学生开展教学活动的基本依据。弄清楚教学内容的内涵对教师对教学内容的管理和学生对教学内容的理解起着至关重要的作用。体育教学内容是在体育教学中常常提到的热点词。为探究体育教学内容的内涵,下面我们对其设计主体和呈现方式进行分析。

1.体育教学内容的设计主体

体育教材内容虽有"一项多能"的特性,但体育教材内容不必时时处处"物尽所用",实现其所有的价值。这不仅是不可能的,也是没有必要的,那么体育教材内容的选择和使用权利就交给了教师。教师根据体育教材内容本身所蕴含的价值和千差万别的学生对体育教学内容进行预设,并在复杂多变的具体教学情境中实现体育教学内容的生成。另外,体育教学内容是在教学过程中产生的,而教学是师生的双边活动,其主体是教师和学生。因此,教师和学生是体育教学内容的主体,从教的角度来看教师是教学内容的主体。这样就给教师在体育教学过程中发挥自己的聪明智慧提供了空间,有利于形成个性、特色的教学风格,也有利于教师专业化水平的提高。[①]

2.体育教学内容的呈现方式

体育教学内容是指在体育教学活动中所产生的内容,它由两个方面组成。第一,是一种预设。在备课时,教师要按照教材内容的特点、学生的基础、自己的特长,预先设定适当的内容,也就是教师要教学生什么内容。第二,就是创造。尽管教师在备课时精心规划了教学内容,但是,实际的教学环境变化很大,学生的生理状况、心理状况也各不相同,特别是在体育教学中,容易受到天

---

① 贾洪洲."体育课程内容、体育教材内容、体育教学内容"内涵解析[J].体育教学,2017,37(3):24.

气、场地等外在因素的影响。而且,在体育教学中,师生之间的交流和互动是非常频繁的,所以,尽管教师说的内容都是一样的,但学生真正学到的东西还是会有很大的区别。为此,有学者提出,教材的内容是怎样转换的、转换成什么样,这要看具体的课程、教学目的和具体的教学环境。其内涵是教师对教材内容进行个性化的演绎与创造。[①]

(二)教师对教学内容的把控

1.体育教学内容选择的依据

随着国家的经济和社会的发展以及为了适应这种发展对教育提出的基本要求,教育离不开人类社会积累起来的文化科学知识及其体系,教师必须根据受教育者身心发展的规律与需要选择能促进其身心发展的教材内容。在此,是从宏观上对体育教学内容的选择所提出的建议。在新课程的背景下,为适应促进学生终身体育的发展需要,学生的体育全面发展要以实现终身体育为核心内容,而学生能掌握几项运动技能则更好地保证了终身体育锻炼的实现。通过体育教学内容的学习,学生能够掌握相关的知识原理、常识等,身体在相应阶段可以得到相应的锻炼和保护,并且通过体育学习能体验到运动的乐趣与意义,养成不怕吃苦、艰苦奋斗的良好品质,保持健康生活、积极学习的态度。这主要是从体育教学内容选择的实践层面出发的。从以上叙述中,可以归纳出体育教学内容选择的依据,即主要考虑到国家和社会对人才的需要、教学目标、学生的技能掌握情况、教学内容难易程度以及教学的场地、器材等。

2.体育教学内容选择的原则

体育教学内容选择的依据为教师选择体育教学内容提供了基础,但是众多的体育教学内容仍然要按照一定的原则进行选择,从而保证体育教学内容选择的科学性和有效性。在教学内容选择原则方面,"目标统领内容"应该是教师选择体育教学内容的总原则。而体育教师在选择教学内容的实践中,还需要具体的原则作指导。这些原则主要有健身性原则、教育性原则、发展性原则、文化性原则、趣味性原则、针对性原则、适应性原则和安全性原则。社会的不断进步及学生需求的变化使得教学内容也在不断地发生着改变,教师在选

---

① 贾洪洲."体育课程内容、体育教材内容、体育教学内容"内涵解析[J].体育教学,2017,37(3):24.

择教学内容的过程中不能唯经验论,也不能形而上学,一定要从学生的实际情况出发,遵循一定的原则。

二、教师对教学内容的过程管理

(一)教师对课前教学内容准备的管理

认真做好上课前的准备工作,是保证教学目标实现的先决条件,也是促进教师教学能力、思想、业务水平提高的一项重要措施。教学内容来自于教材,教师要结合学校的实际情况,针对学生的特点来选择教材,因为目前的中学体育没有固定统一的教材,也没有固定的教学内容。新课改后,部分学校开展了体育模块教学,逐渐形成了校本教材。无论是有校本教材还是没有教材,教师在课前必须针对教学内容制订一个教学工作计划,具体可分三步。

1.制订和撰写教材计划

《体育与健康课程标准》以水平划分学段,中学体育模块教学计划应包括水平教学计划、单元教学计划和课时教学计划。制订教学计划要以《体育与健康课程标准》为依据,教材的选择要以内容标准为依据。体育与健康课程的教材是以课程标准目标体系来确定的,所以应先确定教学目标,然后再选择教材和教学内容。水平计划是学生达成各项目标的统筹计划。体育教师应结合学校的实际情况,把各水平(发展性水平)的具体目标所显现的内容标准加以具体化,并合理地分配到三个学年的六个学期中,以便从总体上把握学习的内容和要求,从而全面落实和达成目标。根据具体目标和运动项目制订单元模块教学计划,每个项目的单元教学计划应充分体现运动技术教学的系统性。学习内容的排列应有梯度,从简到繁,从易到难,从单个动作到成套动作,从技术的掌握到技术的运用,学习内容之间还要有关联性。重视每个单元教学学习内容的衔接,前一个单元教学内容应该为后一个单元教学内容做好铺垫,后一个单元教学内容应该是前一个单元教学内容的延伸和发展。如排球的垫球,一般先教原地正面双手垫球,再教移动垫球和改变方向的垫球,然后教体侧垫球、跨步垫球、翻滚垫球等。①

---

① 杨银儿.高中体育教师教学内容管理能力的剖析[J].运动,2012(3):108.

2.撰写教案

撰写教案是教师的基本功,认真撰写教案对提高教学质量和教师的业务水平都具有十分重要的意义。撰写教案首先要确定教学目标,教学目标要明确、具体、全面、符合实际,不能模棱两可,然后根据教学目标再选择和确定教学内容。在选择体育教学内容时要认真审视教材,这是科学选择体育教学内容的前提。只有立足学生实际,对教材和教师用书中的相关运动项目内容进行整体审视,才能全面深入地把握课程标准精神和教材精华,在处理问题上才能高屋建瓴。一节课中一般首先考虑基本部分的教学内容,如果一节课有两个或两个以上的教学内容,则应先确定教学内容的先后顺序,然后确定重点、难点,考虑组织形式、教法和学法;其次,安排完基本部分的教学内容后,再构思准备部分和结束部分的内容;最后,根据各部分教学内容在整堂课中的地位,以及对实现教学目标的影响来安排各部分时间,如练习时间、练习次数等。

3.选择拓展体育教学内容

体育教师不能只满足于对现有教学内容的精确把握,应通过体育杂志、报纸、书籍、网络等各种方式来开阔视野、拓展知识面,不断学习和更新知识。体育教师可以通过走进学生的学习生活、走进社会体育竞赛组织、走进健身俱乐部等途径来了解学生对教学内容的认识和需要,了解学生的兴趣和知识储备的状况,了解新兴运动项目的特点、作用。在借鉴这些知识的基础上,结合自己正在使用的教材,及时地查漏补缺,不断更新教学内容,使选择的教学内容更能提高学生的学习兴趣,更符合学生的身心特征。体育教师可以通过简化规则、降低难度等方式对教学内容进行适当改编或引进一些符合学校实际和学生需要的新兴运动项目作为教学内容,如搏击操、跳竹竿、走高跷等。[①]

(二)教师对课中教学内容处理的管理

1.体育教学方法的选择和运用能力

体育教学方法是指体育教学过程中教师为完成教学任务所实施的工作方法。它包括教师教的方法和学生学的方法。体育教学内容是联系教师和学生之间的纽带,是教师教的内容也是学生学的内容。体育教学方法的选择受到

---

①杨银儿.高中体育教师教学内容管理能力的剖析[J].运动,2012(3):109.

教学内容的制约和影响。方法是内容的运作形式,不同的教学内容决定不同的教学方法。体育以身体练习为主要手段,这些身体练习技术动作结构的复杂性,要求必须有与其动作技术结构相适应的教学方法,才能取得良好的效果。如教简单的动作或容易掌握的动作时,可以采用完整教学法,但在教比较复杂且难度较大的技术动作时,就应采用分解教学法,而提高学生学习的热情,提高学生对不断变化的练习环境和运动负荷的适应能力,就应采用变换练习法。体育教师一项重要的教学能力无疑就是选择合适的教学方法。体育教师应该根据不同教学内容的需要选择所需要的教学方法。

2.教学组织能力

体育课的组织是指为实现课的教学目标所采用的各种合理的措施和手段。体育课是一门主要在室外进行的课程,通过身体练习来实现教学目标。这些处于非静态中的教学活动范围大,外界干扰性因素多,课堂情况也是复杂多变的,如有较多的队伍调整和队形的变化等。课中合理地安排队形和调整队伍对学生有着直接的影响,不但能集中学生的注意力,还能丰富教学内容,创造良好的课堂学习氛围,调动和提高学生的积极性。每次课的教学内容不同,教学目标就不同,队伍和队形的安排应该根据不同的教学内容和不同的教学目标来设计。

3.教学媒体的运用能力

随着教师素质的不断提高和电子科学技术的不断发展,目前,课堂上越来越多地使用了现代化教学多媒体工具,如挂图、录音、模型、计算机、投影仪等。这些多媒体给课堂增添了色彩,将教学内容变得有声有色,使技术动作更加概念化、具体形象化、直观化,把复杂的内容简单化,大大激发了学生对体育运动的兴趣,如排球的正面双手垫球动作,主要是插、夹、提、跟、送。整个连贯的击球动作和上、下肢协调用力,学生靠单纯听课是很难体会的,教师的讲解与学生的认识理解总是隔着一层纱,即使学生一字不落地记下技术动作要领,也未必能真正理解到动作的关键。在一堂常态课中,体育教师使用多媒体课件,慢放整个击球动作的过程,再结合教师的讲解,给予学生直观的感受,这样就加深了学生对垫球动作的理解。所以,体育教师应与时俱进,具备选择和运用多媒体的能力,充分利用各种资源,去呈现不同的教学内容,使教学效果达到最优化。

(三)教师对课后教学内容反思的管理

每份教案中都有一栏"课后小结"。这是教师每堂课后的及时总结,记录了教师的教学心得。通过教学,教师应总结自己对教材的把控是否恰当,对教材的理解是否正确,对教材的重点、难点的把握是否到位,教学内容是否符合"三基",教学内容层次是否明晰,对教学内容的处理是否得当,知识、技术、技能的传授是否系统和规范等。

第五节 体育课堂对环境的管理

体育教学环境是体育教学过程中的一个基本因素,主要指学校体育教学活动的场所、各种体育教学设施、学校体育传统风气以及良好的课堂气氛等。按照体育教学环境各组成部分的主要特点,我们将体育教学环境分为物质环境、社会环境、物理环境和心理环境。任何教学活动必须在一定的时空条件下进行。所以,对于课堂环境的管理,本节主要从以下几方面进行分析。

一、对时间的管理

一般来讲,体育教师教学时间的管理分为:①教学时间,指的是教师讲授和学生学习的总时间;②讲授时间,主要是教师讲授体育基本知识和技能的时间;③学习时间,指的是学生积极参与体育活动的时间;④检测时间,指的是教师用来检验学生对体育知识和技能掌握情况的时间。

体育教师每天都要面对大量的课堂活动转换、管理性事务、突发事件的处理等。对这些事件的处理可能会浪费大量的时间,同时也容易使学生的精力分散。有效的时间管理对于体育教师课堂教学来讲,是确保教学顺利进行和成功的必要手段,同时,还可以给学生提供更好的学习机会,也能培养学生合理利用时间的良好习惯。因此,体育教师有必要采用一些有效的处理策略,减少在处理时不必要的时间浪费,提高教学时间管理的利用效率。

二、对场地、设备的管理

体育课堂教学与其他学科相比具有一定的特殊性,它大多数情况下都在室外进行,因此体育教师进行正常的教学活动必须建立在一定的媒介之上。场地和器材是体育教师顺利实施教学和管理的媒介。体育课堂管理的场地一般包括体育馆和各种体育场所,如田径场、篮球场、排球场等,以及这些场地的周围环境,如阳光、空气、树木、草坪等。体育课堂管理的设备主要有两类:一类是常规性设备,如课椅、实验仪器、图书资料、电话设备等;另一类是体育器材设备,如体操垫、双杠、单杠、篮球、足球、排球、铁饼、铅球等。场地的布置和利用情况将影响教学和管理的实施。通常情况下,体育场地的选用和布置会影响器材的使用。例如,投掷项目教学如果在水泥场地上进行必然会对场地和器材都造成很大的损坏。因此,为了减少体育场地、器材不必要的损伤,使有限的场地、器材发挥最大的作用,必然要求体育教师具备对体育场地、器材合理分配和管理的能力。

三、对环境的掌控

体育教学的主要形式是体育实践课,大多数中小学体育课主要在室外操场进行(较少部分在学校体育馆里进行),相对于其他文化课主要在封闭的教室、实验室中进行,学生可以集中精神安静地听课而言,体育课在室外上课,教学环境则是开放和变化的空间。在操场上课受到干扰的因素较多,如会受天气变化、地面平整与洁净程度的影响,同时也会受到上课的其他班级、周围建筑物与噪声等的影响。这就必然给体育教师组织课堂教学提出了特殊的要求。由于体育教学是动态的,学生大部分时间处于不断变化的、多种形式的运动之中,再加上一个班的学生人数较多,又要实行男女生分组教学,许多学校的体育场地、器材还不能完全满足教学的需要,同时新的《体育与健康课程标准》强调增加体育课的运动密度……上述因素使体育课堂教学的组织管理工作变得更加复杂,教学的组织形式、教学步骤、教学手段都需要精心设计、统筹安排。[①]

因此,体育教学环境的特殊性和开放性,必然要求体育教师拥有对教学环境熟练、灵活掌控的能力,以促进教学工作的顺利进行。

四、体育课堂气氛的营造

课堂的物理环境为课堂管理的运行提供了一个外在物质基础;课堂规则的制定与课堂纪律的施行,为课堂管理活动提供了制度规范,这些都是形成良好课堂管理的外在条件。课堂管理的良好运行,还需要我们在师生之间营造一种良好的心理条件,即课堂气氛的营造。课堂气氛是班集体在课堂上所表现出来的心理气氛,通常是指课堂里某些占优势的态度与情感的综合状态。具体而言,课堂气氛是指课堂活动中师生相互交往所表现出来的相对稳定的知觉、注意、情感、意志、定势和思维等心理状态。学界一般认为,课堂气氛是由教师的教风、学生的学风以及教室的环境共同作用形成的一种心理状态。我国学者依据这些心理状态综合表现出的不同特点,将课堂气氛分为积极、消极和对抗三种类型。

教师对课堂气氛的营造直接影响着学生的学习效率和人格发展。从某种意义上说,课堂气氛的软环境比硬环境对体育课堂教学效果的影响更大。在体育教学的过程中,存在师生之间、学生之间的交往。在这种情况下,体育教师如果能够营造和谐的课堂气氛,使学生在愉快的环境里学习,势必会提高教学效果。因为,和谐的课堂气氛是健康、生动活泼的气氛环境。在这种环境下,人的大脑皮层往往处于兴奋的状态,对所学习的东西有很强的参与欲望,体育学习的情绪高涨,对学习有浓厚的兴趣,学生在情绪上容易表现出积极的"从众"倾向和"社会促进作用",从而促进他们进行体育学习。

为了提高课堂管理能力,营造和谐的课堂气氛,体育教师应该掌握一些必要的技巧与方法。

---

① 王明立,王寒西,方志鹏.现代体育教学研究理论与实践[M].北京:现代教育出版社,2012:28.

第一,灵活运用教学技巧。在教学过程中,教师不同的教学方法、教学手段的使用,以及合理的教学安排,都能起到调节学生整体情绪的作用。在此基础上,根据教学内容、进度、场地设备、学生的实际学习能力等因素,适当地讲解、示范、评价、组织、调节练习的方式、方法,变换场地器材的布置,适时地采用提问、讨论、分组练习、教学比赛等不同的教学形式,同时,辅以语言、表情、动作、口哨等方法,以保持教学的融洽。

此外,要改变封闭的教学方式,使用开放式、创新的教学方式,强化创新式教学,使一些枯燥乏味的教学内容,变得鲜活、有趣,增加学生学习的兴趣。比如,在耐力跑的教学中,可以把单纯绕着跑道跑,变成变速跑、蛇形跑、接力跑等。只要能锻炼学生的耐力,何必要采用千篇一律的、一成不变的方式呢?适当的改变有利于唤起学生的学习欲望,使他们很快地投入体育学习中来,形成生动活泼的课堂气氛。

第二,创设生动活泼的教学情境。人的情绪是随情景的变化而变化的。一定的体育教学环境可以使学生的某种情绪状态成为课堂上占优势的心理气氛。所以,体育教师可以根据体育教学的规律和特点,有目的地创设某种情境,让学生在特定的情境里进行体育活动,使学生处于积极的情绪状态中,从而营造出特定的课堂心理气氛,使整个课堂的情绪"共振",从而增加教学的感染力,优化教学效果。

第三,美化体育课堂环境。体育教学主要是在室外场地中进行的,场地器材是构成体育教学的一个重要因素,它在一定程度上也影响着学生的情绪,成为形成积极向上的课堂心理气氛的一个重要方面。体育教师应该在课前根据教学内容的要求,合理地规划教学场地。分线清晰、标志醒目、器材有序、沙坑平整,这有助于提高学生的情绪兴奋性,唤起学生的学习兴趣,形成浓郁的体育学习气氛。

第四,为学生设立适宜的学习目标。体育学习目标的设置,直接关系到体育学习动机的方向和强度。正确、有效的学习目标,可以集中学生的身心能量,激发、引导学生的学习活动,从而唤起学生的体育学习热情。在体育教学中,帮助学生设立具体、明确及符合学生实际情况、经过努力可以达到、难度适宜的目标,对于调动学生学习体育的积极性,激发学生的体育潜能有着不可低估的作用。学生从练习结果中看到了自己的进步,增强了自信心,也会敬仰、尊重、亲近教师,从而形成良好的师生关系。

知识链接

课题探究

课题之一

探究题目:结合书本知识,谈谈体育教师课堂管理主要由哪些要素构成,各要素之间有何关系。

探究建议:查阅课堂管理原理的相关文献,通过文献了解什么是课堂管理,课堂管理的主体是谁,课堂管理的对象是什么,各要素之间有何联系,再结合体育教学的要素进行分析研究。

课题之二

探究题目:运用书中知识,分析体育教师应主要从哪些方面对课堂进行管理?

探究建议:我们可以从产生课堂管理的原因进行分析,有因必有果,主要从四个方面进行探讨:一是体育教师对自身的管理;二是体育教师对学生的管理;三是体育教师对教学内容的管理;四是体育教师对课堂环境的管理。

课题之三

探究题目:结合自身实际,你认为应如何提高体育教师课堂管理的效率?举例说明。

学导提示：

　　体育教师课堂管理原则与行为适用于体育教师的管理基础理论知识。通过学习，教师可以直接将其运用于体育课堂的管理。本章讲述了课堂管理的决策性原则、协调和沟通性原则、激励性原则三大方面；对体育教师管理行为中的相关行为理论，行为管理，体育课堂问题行为的含义、产生的原因、易出现的时间及其特点作了较为详尽的介绍。

第四章

体育教师课堂管理的原则与行为

第一节　体育教师课堂管理原则

　　体育教师课堂的管理是保证体育课堂教学有序进行和提高教学质量的重要手段，在当前大力推行教育改革的背景之下，体育教师在平时的课堂管理中都有哪些原则呢？这些原则的特性、步骤及可能出现的问题有哪些呢？在此将探讨一些理念和方法，为体育教师课堂管理提供新的思维视角。

一、体育教师课堂管理的决策性原则

　　从课堂管理的行为观点看，决策是教师在处理课堂问题时所采取的重要方法之一。决策在广义上讲就是做出决定，即教师为实现一定的教学目标所做的行为设计。从这种角度来看，决策存在于课堂教学管理中的各个方面。从狭义上讲，决策是教师在课堂管理活动中所做出的决定，是教师解决面临的课堂问题行为时，制定行动方案并加以优化选择的过程。

(一)课堂管理决策的特性

课堂管理决策具有可预见性。在课堂管理中,决策是一项既要考虑现实情况又要面向未来的教学活动。然而未来是多变的,任何教师都不能完全掌控教学中出现的问题。但是作为教师,需要在未知情况面前具备解决问题的能力,必须对课堂教学中可能发生的问题做出判断,从而掌控自己的行动方向。尽管这种判断只是一种事情发生前的估摸和预想,每个人对行动的后果都没有百分之百的把握,但他们会努力地去接近它。根据现有的事实和已有的经验对事情进行科学的预测和判断,不脱离实际,不凭空乱想,才能真正地面向未来。

课堂管理决策具有可选择性。决策面向未来,而未来可能有多种不可预知的情况发生。在某种情况下,教师虽然已经可以预想到一些问题行为的出现,但只能被迫接受,无法改变。对于这种情况,教师能够做的只有顺其自然,所以也不能说教师是运用了课堂管理决策来解决问题。而课堂管理决策要做到的是,在这种问题可能发生时,教师应根据现有的条件,设计解决问题的方案,并及时做出判断。

课堂管理决策具有主观性。教师个人的主观意志影响着课堂管理中的决策,具有显著的主观性。在解决课堂问题时,教师必须考虑客观条件,但也不能因为客观条件而忽略,甚至否定主观意志的作用。决策是人的主观意愿对各种可能的客观条件做出的抉择,是由人的主观意愿决定的。因此,解决问题是一种主观性较强的课堂管理决策。

(二)决策的步骤与可能遇到的障碍

1.决策的步骤

决策的好坏对教学的效率与成败有直接的关系,因此教师在教学管理中应该按照一定的步骤进行决策,否则会出现问题。我们可以这样分析决策:首先,寻找管理事件中有待决策的选项;其次,思考推演并找出可行性路径;最后,选择某一特定可行的路径。也就是说,我们在教学管理中要善于发现问题,找到解决问题的策略和办法。由此可见,决策就是行动路线的选择,具体包括以下步骤或程序。

（1）清晰问题。对于课堂问题行为一定先了解问题的症结。例如，教师要解决高中女学生参加中长跑练习时所出现的问题行为，就要先了解其产生的原因，为分析问题做准备。所以决策是对问题的推理或解决。而课堂管理水平的提升就是在解决问题中不断锤炼的结果。

（2）查明事实。当课堂问题行为产生后，要尽量探求事实，查明与疑问有关的各个方面的事实，包括何人、何事、何时、何地、何故等。做到客观、实事求是，这对制定决策有很大的益处。

（3）分析事实。尊重客观课堂问题行为，对其加以分析，明其缘由，厘清关系。

（4）拟订可行性方案。体育教师根据教学经验和管理知识，积极地处理课堂行为问题，通过总结经验，便可总结出解决问题的各种方法。这个步骤为决策的中心，需要教师充分发挥创造力。此外，还需要与有关人员多交流，以便得到更多的启发。收集可能的解决方法愈多，则问题得到解决的办法也就愈多。

（5）选择最佳方案。这是决策的最后一步，也就是在若干种可行方案中选取一个成功概率最高的实施方案。能否成功与采用的方式、方法有密切关系。而且，在决策选取过程中，事态是在变化的，具有不确定性，很难评估成功的可能性。

如何判断决策的有效性？以下三个问题，可作为评估的基础。

第一，决策有助于目标的达成。教师必须认识到决策是行动方针的选择，因此对于难以达成目标或不能解决问题的方针都不能选用，选择合适的、能够解决问题的决策，才能有助于实现目标，达到预期的效果。

第二，决策符合解决问题的最佳原则。最佳的决策是在符合相关教育原理的前提下，遵循教育规律并便于决策者进行决策的，若违反此原则，就不是最佳方案。

第三，决策具有可行性。决策是一个推理的过程，是一个不断尝试的过程，是一个不断靠近结果的过程，其最后步骤就是要把决策转变为行动付诸实施。如果决策不能有效实施，或实施过程中遇到很大阻力，就不是最佳决策。最佳的决策应该是能有效实施，并达到预期目标的。

2.可能遇到的障碍

教师在决策过程中经常会遇到各种障碍从而影响决策。一般情况而言，障碍分为主观和客观因素两方面。

（1）主观因素的障碍。

对所遇到的问题和所处理的事务缺乏足够的信息、知识、经验与了解，以致不能做出精确分析及正确的抉择。

处理事务与解决问题没有足够的事实资料、及时与灵通的情报消息，以致不能正确认识事物的全貌与真相，无法做出对症下药的决定。

对未来事态的发展一无所知，虽可预测，但没有把握，因而对决策产生不良影响。

一些教师常因教育背景、生活经验、习惯、价值观及信仰的差异，不免产生偏见和成见，对事物和问题不能做出客观的分析、判断与处理。

一些教师有避重就轻、趋利避害的心理弱点，因受其影响而不能做出合理的决策。

（2）客观因素的障碍。

受现行法规、组织、习惯等的限制而不能随心所欲地做出合理的决策。

受现有教学环境的限制不能做出科学合理的决策。

3.体育课堂决策的原则与方法

要想做出合理有效的决策，除了必须消除前述的各种障碍以外，还应遵守以下原则。

（1）把握时机。决策是针对课堂问题行为提出的解决办法，所以应当把握时机，绝不能等问题扩大化及复杂化后再做决定。当某些问题行为出现之时就要及时纠正，把握时机，否则将会导致问题扩大化甚至失控。

（2）完备周密。决策的内容要完备周密，各方面的因素都要考虑，如问题发生的前因后果、时间、人物等因素，还要尽可能考虑到各方的需要。

（3）切实可行。决策不是闭门造车的产物，而是分析事实、了解真相以后的结晶，所以它必须符合实际的需要。就决策的内容而言，它是能够执行的，所以可行性是一个不可忽略的因素。

（4）调配得当。制定决策时一定要考虑实施效果的问题,预测实施效果。教师是课堂决策的主导者,是学生学习的引导者和助手,只有充分发挥教师的决策作用,调配各种资源,才能使教学活动有序进行,真正实现教育教学的目标。

（5）多元参与。决策在形式上是教师的权利,但实际上与班上每个学生都有关系,因为决策执行的主、客体都是人,教师要和学生共同参与班级课堂管理。教师在决策时征询学生的意见,就能取得他们的信任,而且教师也常存在认知方面的缺陷,如能借鉴学生的意见,则决策就会更加理想。

人们对事物的直观评价和预测往往带有很强的主观性,可能发生许多判断上的失误。这种心理局限所造成的行为和认识偏差对决策有着很大的影响。所以,正确认识这些心理效应及其行为偏差无疑有助于改善决策。

二、体育教师课堂管理的协调和沟通性原则

协调是指谋求行动的一致,以正确处理组织内外的各种关系。沟通是协调的一种方法,旨在求得达成思想和行动方面的共识。有效的管理从本质上讲是事物之间的一种协调发展。学校中班级学生人数比较多,在体育教学中只有教师和全体学生通力合作、协同一致才能达成教学目标。

(一)协调、沟通的功能

协调的根本功能在于提高和实现课堂的整体效果。课堂管理是由许多相互制约、相互联系的因素所构成的一个庞大系统,是体现系统要素之间互相协作关系的统一整体。教师协调的根本目的在于减少课堂管理系统内部各种因素之间的功能消耗,使课堂内部系统协调有序地运转,建立起和谐的、相互依赖的、高效运转的教学程序系统。教师需要熟练运用协调这一管理手段。因此,协调的过程也是管理的过程。

1.协调的功能

教师的协调功能主要表现在以下几个方面:

向心功能。教师协调能使班级成员对教学目标有明确的认识,形成共同的价值观,从而团结一致地为教学目标的实现凝聚成一股强大的向心力量。

在这个过程中,教师需要充分发挥自己的引导作用,引导学生理解和接受教学目标,激发他们的学习热情。只有这样,才能形成班级的向心力,推动教学活动的顺利进行。

提高教学效果功能。教师协调能使班级成员分工合作,避免矛盾,减少内耗,从而有效地提高管理活动效果。在这个过程中,教师需要合理分配任务,使每个学生都能在适合自己的岗位上发挥作用,避免不必要的竞争和矛盾。同时,教师还需要密切关注学生的学习情况,及时发现和解决问题,确保教学活动的顺利进行。

调节功能。教师协调能使班级成员各行其权、各尽其责、忠于职守,从而使整个教学活动秩序井然,真正实现管理的调节功能。在这个过程中,教师需要制定合理的规则,明确学生的权利和义务,使学生在遵守规则的同时,也能享受到规则的保护。同时,教师还需要密切关注学生的思想动态,及时发现和处理问题,维护教学活动的秩序。

服务功能。教师协调能使班级的人际关系更加和谐融洽,使班级成员既能轻松愉快地完成自己的学习任务,也能和其他成员和睦相处,配合默契,真正实现管理的服务功能。在这个过程中,教师需要关注学生的心理健康,提供必要的心理支持,帮助学生建立健康的人际关系,使学生在轻松愉快的环境中学习和成长。

2.沟通的功能

沟通是课堂管理中教师协调的基础性工作,主要表现为:

积累信息资料的功能。课堂管理要想顺利地开展,教师必须获得有关学生问题行为变化的信息,做到心中有数,厘清学生问题发生的脉络,以及各种问题之间的关系,做到熟练轻松地处理各种课堂矛盾。

满足师生心理需要的功能。这也是改善人际关系的功能。无论是在课堂中还是在日常生活中,师生相互沟通思想和感情是一种重要的心理需要。沟通可以消除师生内心积压的情绪,使人感到心情舒畅,而且在相互沟通中形成对某事的一致看法,增进彼此的了解,改善相互之间的关系。

调动学生积极参与管理和决策的功能。教师的知识、经验及观念往往影响到学生的知觉、思维和态度,进而改变他们的行为。特别是教师预防和纠正学生问题行为、实施策略手段时,他的首要任务是通过信息沟通转变学生原有的抵触情绪,改变其行为,这样才能建立起良好的合作关系,从而搞好管理工作。因而,充分的沟通既可以促进教师改善管理,增强师生之间的信任感,使教师工作更富有成效,又可激励学生学习的热情和参与管理的积极性,使学生积极为课堂管理献计献策,提高主人翁责任意识。

(二)体育教师课堂管理沟通的方法

1.善于主动沟通

师生关系的建立最重要的是积极地交流与沟通。凡是积极交流、擅长沟通的教师,都能比较容易地得到学生们的理解与信赖,并能迅速地消除彼此的戒备心理。因此,在教学管理中,教师应在适当的时间、适当的场合与学生进行对话交流。无论对方的态度是什么,教师都要做到谦虚、真诚。除此之外,也要善于观察对方的心理变化,在对方与自己的心灵发生共振时,要根据实际情况,快速地挖掘话题的广度和深度,去发现对方内心最感兴趣的话题。在语言沟通方面,要注意技巧,尽可能使用商量式、安慰式、调剂式、互动式的谈话方式,并注意说话的语调、语气,注重说话的分寸。

2.善于笑脸相对

微笑是一种促进情感交流的有效表达方式,它具有很强的感染力,可以调节关系,营造良好的氛围,帮助人们化解一些矛盾。诚于中,形于外,甚至可以达到"一笑泯恩仇"的效果。在教育环境中,教师和学生之间的关系是最基本的关系,这种关系的和谐与否,直接影响到教育的效果。而微笑,就是这种关系中最基本的元素。教师微笑面对学生,可以让学生感受到教师的亲切、关爱和期待。而学生微笑面对教师,则可以让教师感受到学生的接受、尊重和信任。

教师和学生之间的关系中往往存在着一些矛盾和分歧。而这些矛盾和分歧,往往源于彼此之间缺乏理解和沟通。而微笑是有利于化解这些矛盾和分歧的。在教学过程中,教师不仅要善于笑脸相对,还要教会学生如何微笑。因为微笑不仅仅是一种表情,更是一种态度,一种理解和宽恕的态度。教师可以通过自己的微笑来影响学生,让学生也学会微笑,学会理解和宽恕,从而真正接受和理解教师的教育,也真正接受和理解自己的学习。

3.善于控制情绪

控制自己的情绪并不容易,人们需要用理性来管理自己的感情。在课堂管理中,教师经常会因为学生的课堂问题行为而产生糟糕的情绪体验,比如被学生用言语攻击,会使教师自尊心受到极大的伤害,从而造成情绪上的不稳定。所以,教师要有开阔的胸怀,并且不断提高自己的思维能力,尽量不要被课堂上的一些行为影响。同时,还要有良好的自我控制能力,增强道德修养,善于宽容他人。这种自我控制是一个人理性和意志的集合。如果教师有很好的自我控制能力,就可以做到"当怒而不怒",用理性抑制住情绪的冲动。

愤怒是一种情感的宣泄,是一种情感的表达,通常由某些强烈的刺激而产生。在这样的情况下,人们往往会因为无法克制愤怒而做出一些错误的行为,从而导致一些不必要的后果。根据愤怒的成因,可以将其划分为"私怒"与"公怒"。在和谐的师生关系中,教师应该控制自己的私人愤怒,但是对那些破坏课堂纪律、影响课堂教学秩序的行为,教师必须坚决地阻止。

三、体育教师课堂管理的激励性原则

"激励"一词在我国汉朝就已经使用,意思是激发鼓励。如《史记》昭王曰:"'内无良将而外多敌国,吾是以忧。'欲以激励应侯。"[1]在现代管理中,激励是指引起各方产生明确目标行为的内在动力。或者说,它是设法激起他人的行动,达到特定目的的过程。广义的激励是指激发鼓励,调动人的热情和积极性。

(一)激励的内涵

在组织行为学中,从心理的内部状况来看,激励是指人的动机系统被激发起来,处在一种激活状态,对行为有强大的推动力量。激励是由一定的刺激激发人的需要进而产生动力,使人拥有一种内在的驱动力,并向所期望的目标前进的心理和行为过程。从诱因和强化的观点来看,激励是将外部适当的刺激转化为内部心理动力,从而增强人的动力的一种行为方法。

---

[1] 司马迁.史汉文统·史记统[M].童养正,编纂.师帅,马雅琴,整理.北京:商务印书馆,2019:131.

激励的核心问题主要是看动机是否被激发出来。而激励的心理依据是人的需要,所以人的激励又可称为动机激励。通常人的个体行为可分为本能行为和动机行为两大类,它们都有一定的规律。所谓动机行为是和本能行为相对应的,指在一定的内部动机支配下所表现出来的行为。人们的工作行为都属于动机行为,也就是说人们在从事特定的工作时,都受一种或几种动机的支配。

因此,激励是指激发和鼓励学生的学习动机,使其潜在的学习激情尽可能充分发挥和维持,从而更好地实现课堂管理的过程。教师激励的水平越高,为完成课堂管理所付出的努力也越多;预定管理目标完成得越好,取得的工作绩效也越大。

(二)激励的功能

激励是教学管理活动中的关键职能之一。激励会提升学生的学习效果,因此教师就要尽力激发学生的学习行为,使其行为与管理目标一致。其功能主要表现在以下几方面。

1.激励可以激发学生学习的主动性、创造性以及自觉性

学生的积极性是指对课程学习的努力程度,是对活动、任务的一种活跃、能动、自觉的心理状态,表现为课堂参与的自觉性、主动性和创造性。教师在设置管理目标时,在保证课堂管理顺利进行的前提下,应当承认和尊重学生的个体差异,做到因材施教,使师生课堂行为尽可能做到协调一致。一般来讲,个人的目标和组织的目标一致性越高,学生主动性、积极性和创造性越能发挥出来;反之,学生就会消极怠工,甚至产生抵触心理。学生的自觉性、创造性和主动性是教学管理取得突破性进展的重要保证,是学习积极性充分发挥的体现,也是当前新课程改革的时代要求。

2.激励可以激发学生的学习热情和兴趣

激励不仅可以提升学生的自我学习管理认识,而且还能够激发他们的学习热情和兴趣,解决学习态度、认识倾向等方面的问题。激励可以使学生对自我学习行为产生强烈、深刻、积极的情感,并以此为动力,为达到预期目标而努力。兴趣是影响动机形成的重要因素,通过激励可以使他们对学习产生稳定

而浓厚的兴趣、持久的注意力和高度的敏感性。个人的技能和能力,一般也是在自身浓厚兴趣的基础上发展起来的。因而,强烈而稳定的兴趣是学生激发对学习技能的热情、进行传承创新、充分发挥自身能力的重要心理条件。

3.激励可以提高学生的成绩

激励是以世界观为个人行为的最高调节器,以处于积极活跃状态的需要和动机为核心因素,并含有对工作意义的认识及对现实目标可能引发的结果的判断,以及对工作的兴趣、情感和意志等因素。在教学方面,激励可以激发学生的干劲,充分挖掘他们的潜力,从而提高成绩。一般来讲,经过激励的行为与未经过激励的行为的教学效果存在着明显差异。

4.激励可以创建和维持良好的环境

教师可以选择合理的激励方式,如目标激励、精神激励、荣誉激励、榜样激励等,创建有利于教学管理的环境,促使学生学习的愿望更加强烈,使群体中的个人能很好地为共同的目标而努力。

5.激励可以引导学生行为的方向

体育教学具有直观性,教师管理将直接影响学生的行为表现。如果教师合理地运用激励原则,会增强学生学习目标的认同感。因此,教师所要做的工作,就是引导学生在某些活动上具有认同感,这样有助于他们共同完成任务和目标。

(三)体育教师课堂管理激励原则与方法

1.目标激励

目标是未来活动的目标状态,是激发人的动机、满足人的需要的重要诱因。学生在学习中都期望取得好成绩,因而教师在调动学生的积极性时,可以设置适当的目标来激励他们。在进行目标激励的过程中,最为关键的是设置激励目标。而设置的目标是否合理,主要应从目标的价值性、挑战性和可能性三方面综合衡量。

目标的价值性,实质是指目标的社会意义。目标的价值越大,它所起到的激励作用也就越大。目标的价值是以它能否满足一定的社会需要、群体需要和个人需要,以及其满足的程度来加以衡量的。所以,目标的价值越大,就越能鼓舞学生和激励学生,从而使他们朝着目标指引的方向努力奋斗。如果目标的价值不大,就很难形成真正的动力,如果目标设置合理,就会促使他们去采取相应的措施。

目标的挑战性,主要是通过实现目标所付出的努力程度来衡量的。因此,教师所设的目标要有挑战性,使学生感到实现它不是一件轻而易举的事情,必须付出一定的努力,这样才能够强化目标的激励作用。

目标的可能性,实质是指设置的目标经过努力可以实现。如果设置的目标太高,实现它的难度太大,那么尽管它的价值很大、挑战性很强,仍会让人感到可望而不可即,从而减弱目标的吸引力,影响学生行动的积极性。因此,设置的目标要有实现的可能,这样才能激励学生为实现目标而努力奋斗。

2.关怀激励

教师的关怀激励,是指教师通过对学生多方面的关怀来激发其学习的积极性。教师要经常和学生谈心,了解他们的需求,帮助他们克服种种困难。教师要用爱去感化学生,这样可以激发他们的学习动力,增进师生情感。

教师关心、支持他们,就要尊重他们,注意保护他们的积极性,并为他们创造条件。学生在教师的关心下,不仅会干劲儿倍增,也会更有信心和勇气克服困难,顺利完成学习任务。所以作为教师,应当尊重学生的人格和尊严,保护他们的积极性、主动性和创造性。同时,还要充分信任他们,鼓励他们大胆尝试,积极为他们创造条件,给他们充分展示自己的机会。

3.榜样激励

榜样的力量是无穷的,选一个榜样就等于树立起一面旗帜,使人学习有方向,赶超有目标,能够起到巨大的激励作用。教师在群体内选择的榜样应当是思想进步、品格高尚、学习突出的学生,并且是大部分学生通过努力可以赶超的。要发挥好榜样的激励作用,领导者要注意实事求是地塑造榜样,激发全体学生学习的动机。榜样不是完美无缺的,要一分为二地看待,引导学生学其所长,避其所短,防止出现形式主义的模仿。

4.公平激励

人对公平是相当敏感的,当感到公平时,会心情舒畅,努力工作;当感到不公平时,则会怨气冲天,影响工作的积极性。公平激励是强化积极性的重要手段,所以在整个教学工作过程中,教师对学生的表现的评价都应该时刻保持客观、全面、公平,以进一步激发全体学生的学习动机。

第二节 体育教师课堂问题行为管理

众所周知,体育课具有人际交流频繁、互动作用剧烈、行为表现明显等主要特征。由于内外多种因素的交叉诱发,在体育课堂中,学生的问题行为是其在学校、在家庭或在社会生活中诸多问题的表现,本节就课堂问题行为管理进行探讨,旨在为体育教师提供有益的帮助。

一、行为管理的相关理论

人的行为,一般是指人有意识、有目的的社会活动,是人与环境相互作用的产物和表现。"行为"一词有狭义和广义的解释。狭义的行为仅指个体的外显动作,如工作、走路、跑步、打球和游泳等,这些动作可以由别人的感官通过直接观察得知,或借助仪器手段记录下来,加以研究分析处理。从广义上讲,人的行为是由一定原因引起的,指向一定的目标并达成一定效果的活动。广义的行为,除了外显动作外,还包括人的心理、生理、思维等内在的要素,如动机、意识、思考、信念、价值观等,这些都是外在行为的内在驱动力,具有决定行为趋向的作用。行为的主体是人,那就是个体的行为;行为的主体是部门、科室等,那就是群体的行为;行为的主体是政府、机关、企业、学校、医院等,那就是组织的行为。

人的行为表现有如下特点:一是适应性,即人的行为反应既要符合环境的需要又要满足自身的需要;二是多样性,不同的人在不同的时间、地点条件下会做出多种多样的反应;三是动态性,人的行为会随时间、地点的变化而不断发展变化;四是可控性,人们可以通过各种措施,包括培训、教育等,消除消极行为,诱导和肯定积极行为;五是关联性,人的行为实质是人的生理、心理因素与客观环境相互作用的结果和表现。

二、学生行为管理

行为管理是专门研究人在组织和社会管理活动中的行为及其规律的学问，它把个体、群体、组织行为及其规律作为研究对象。

既然管理有主客体之分，那么管理的主体就是管理者，管理的客体就是被管理者，所以行为管理的研究包括管理者与被管理者的行为。

管理者首先要了解被管理者行为产生的各种因素，不但要对整体行为的各种现象，如动机行为、认知行为、学习行为、情绪行为、态度等各种内在行为加以研究，同时也要对多数人活动的团体行为，如人际关系、意见沟通、团队情绪、团体压力、团体冲突等进行了解。除此之外，还要对组织行为进行研究，即对组织结构、组织发展、组织变革等进行研究。

行为管理，又称为"管理的行为科学"或"组织行为管理科学"。在组织中，管理者只有了解影响被管理者的各种行为因素，才有可能预测行为和控制行为。因此，行为管理这门科学是研究人类自身的学问，它旨在探索人为何而行动、其规律何在，以便进一步规范人的行为，引导人的行为，激励人的行为，充分挖掘人的潜能。

行为管理是管理者应用行为科学的知识，对组织内被管理者行为的管理。管理者必须系统地对人类行为的各种知识原理加以理解，而后才能预测行为、控制行为并能够采取适当方法对被管理者行为进行管理，同时对各种管理方法知其优劣，并在实践中加以应用。所以，一方面，管理者是在"求知"，知其然，知其所以然；另一方面，管理者则是在"求行"，即本身如何去做，如领导行为、激励行为、授权行为、决策行为、沟通行为、协调行为等。管理行为的重心是落实到"行"上的，即如何去扮演领导角色，提高组织的绩效，达到组织的目标。人不但是管理的主体，而且也是管理的客体之一。在组织的管理中，对人的管理是世上最难的事，也是最重要的事。研究、探讨人的活动，厘清人的各种行为与人的需要和发展之间的关系，是任何社会中都存在的永无止境的课题。

中国文化崇尚以人为本，尊重人自身的特点，重视伦理关系，凡事从人的自身能力和愿望出发，以最大限度地满足人的自身需要为目的。只有尊重人，才能更有效地激发人的积极性和生命潜能，才能使人们获得更多的满足感、成就感、获得感,同时发挥自己的聪明才智,为人类自身做出更大的贡献。因此,行为管理理论的应用应该注重掌握各种情境下人的行为动态,如学生的意志、思想、士气、合作精神和团结意识等。

身为教师,不仅要对学生的行为表现有所了解,更要引导学生的行为符合教育的希望。为了达到这个目标,需要把握学生行为的心理现象及其特征,只有这样才能预测其行为何去何从,进而改变和控制未来的行为。

体育教师在教学中管理的对象较多,有学生方面的管理、教学环境方面的管理、教学器材的管理以及时间的管理等。作为管理者的教师,在教学活动中一定要分清主次,要把精力集中在学生的课堂行为管理上。而学生的课堂行为之中,问题行为是影响课堂教学秩序的最大因素,因此教师应该把学生的课堂问题行为作为课堂管理的主要对象,认真而郑重地处理好学生的问题行为。在处理课堂问题行为时,多对事少对人,不断提高课堂管理效率,维护良好的教学秩序。

三、课堂问题行为的含义

人们对课堂问题行为的理解虽然多种多样,但学界公认的主要包括违反纪律、破坏秩序、干扰教学和影响教学等。因此,我们采取了下面的说法:课堂问题行为是指在课堂教学中发生的,违反课堂教学规则,妨碍及干扰教学活动的正常进行或影响教学效率的行为。[①]

针对上面的定义,我们要把握好以下几点。

(1)课堂问题行为的形成需要满足以下几个条件:在课堂教学时间发生,在课堂环境中出现,并且是在课堂教学的活动中存在的问题行为。如果某个问题行为出现在教学活动时间以外,没有出现在课堂中,也不存在于课堂教学的活动过程中,那么就不能把它称为课堂问题行为。

(2)课堂问题行为的共同特征是:违反课堂纪律,妨碍和干扰课堂教学活动的正常进行。无论这种妨碍和干扰的程度大小,无论妨碍和干扰教学活动进行的人是全班还是个别学生,应该通通把它归为课堂问题行为。

---

① 施良方,崔允漷.教学理论:课堂教学的原理、策略与研究[M].上海:华东师范大学出版社,1999:290.

（3）问题行为在课堂上的危害性可能不大，但也还是会扰乱课堂的秩序，影响学生的学习，乃至影响教师的教学，从而影响教学效果。因此，教师不能只根据问题行为的危害程度来判定其是不是课堂问题行为，不能因为某个问题行为的危害性小，就忽视这类问题。

四、课堂问题行为产生的原因

在体育课堂中，学生的问题行为是其在学校、在家庭或在社会生活中诸多问题的表现，又与其学习、生活环境、社会风气等相关因素相互作用，是多种问题的综合反映，并非由某个单一的原因造成。总的来说，学生的课堂行为问题是由教师、学生、环境三方面造成的。

（一）教师的教育行为

学生的课堂问题行为与教师的行为密切相关，甚至有的问题行为是由教师不恰当的教育管理直接导致的。因此，不能将学生的课堂问题行为完全视为学生自身的问题。教师的不恰当行为有如下特点。

1.指导思想有误

教师缺乏正确的教育指导思想，会直接影响教师的教学方式，从而引发学生的问题行为。如教师缺乏正确的体育教学理念，在教学中只是进行简单的技能技术传授、内容过难或过于简单、不注重和学生的交流、缺乏处理突发事件的能力等，这些都是由教师因素引发的问题行为。此外，如果教师没有正确的教育观念，甚至在教学中存在对体育学习困难的学生的反感和歧视，那么学生的自尊心和自信心就会受到打击，从而对体育课产生消极、畏难的情绪，由此引发他们的问题行为。如果情况严重的话，学生会产生反抗等消极行为，直接影响课堂的正常教学。正确的教育指导思想会使教学方法灵活多变，对教师和学生都会产生积极的正面影响，可以降低学生问题行为的发生频率，有助于整个体育课程的开展，也有助于学生树立正确的体育价值观。

2.管理的失范

在教学过程中，教师管理不到位，也是学生课堂问题行为产生的重要原因之一。一是教师的责任心不够，对学生的管理不到位，对学生的问题漠不关心,或是不够尊重学生、对学生态度僵化、脾气暴躁,或是对学生进行言语挖苦、体罚。这就会造成课堂氛围、教学氛围不佳,学生在课堂上也由于缺少正确的引导而做出违反课堂规则的行为。二是教师对学生问题行为的过度反应,表现在对学生严加防范,经常严厉地批评学生,甚至不惜花费整堂课的时间进行长篇大论的训斥,甚至滥用处罚。这样的管理方式常常会加剧师生之间的矛盾,导致学生的课堂问题行为扩散,从而造成"蝴蝶效应"。还有些教师过分相信惩罚在解决问题行为方面的效力,常常用各种方式惩罚学生,使学生在课堂中感到不适,甚至出现行为失常。库宁曾做过试验,要求教师对实验组学生实施三种行为,即"明确"(教师让学生自己组织活动,每个人分工明确,对良好的行为及时奖励,对不良行为动员全体学生进行讨论,并给予改正的机会)、"坚决"(教师规定学生做什么,学生必须做什么,一旦学生出现问题,教师一定拿出决然的姿态)、"粗暴"(教师对学生非常严厉,表现出愤怒的面孔和语言)。研究发现,表现差劲的是那些粗暴的教师,他们其实是在助长学生的问题行为。所以,越是严厉的处罚,其导致的后果就越严重。滥用惩罚,不但无法维护课堂教学的正常秩序,还会使教师自身的声誉受损,甚至会使学生对教师产生反感和怨恨。三是教师不严格要求自己,主要表现在一些体育教师不穿运动装上课、教态差、不求上进、上课迟到早退、示范动作不规范等,导致学生消极模仿,或从心底鄙视体育教师,从而降低了教师的威信。教师的威信越低,越难纠正学生的问题行为。最后,师生之间不能团结合作,教师对每位学生的要求不一致,会造成管理的松懈和混乱,促成了学生问题行为的出现。

3.教学的偏差

一些体育教师不认真备课,甚至不备课,教学方法呆板、单调、枯燥乏味,不能充分调动学生的学习热情;不熟悉学生情况,讲授的内容太难或太容易,讲授的节奏太快或太慢;表达能力差、语言表达模糊、精力不足、情绪低落,甚至懒惰;对学生的要求偏高或偏低;教学组织不合理,从一项活动到另一项活动,缺少一个过渡环节,致使学生不能正确地参与预设的教学活动;对授课内容讲解不当,无能、迟钝。这种教学上的差错,极易造成学生对教师的信任程度下降,从而使学生无视班级纪律而胡作非为,引发课堂问题行为。

研究表明,教师的威信在学生心目中的位置越高,学生越不容易产生问题行为;相反,威信越低,教师越难以控制课堂,也越难以纠正学生的问题行为。学界一般认为,六类教师最易丧失威信:专业水平低、教学能力不强;教学不负责任,懒惰;满足不了学生的学习需求,对学生的要求前后不一致;随便对学生许下诺言,却从来没有付诸实践;语言、行为软弱无力,缺乏魄力;教学中缺少总结、反思的精神。

由此可以看出,教师的教学偏差是造成教师威信丧失的一个主要原因,同时也是导致学生问题行为发生和加剧的一个重要因素。

(二)学生的身心因素

课堂中大量的问题行为与学生的身心状况有直接的关系。即便是同一年龄段的学生,其问题行为也因个体条件差异而表现出不同的特征。

1.性别差异

学生的性别特征对问题行为的产生有一定的影响,这在低年级学生中最为明显。相对于女生而言,男生好动,活动量大,喜欢探究,而他们的自控能力较差,集中注意力的时间也较短,因而容易产生问题行为。女生喜欢安静,自控能力较强,集中注意力的时间相对较长,因而她们的问题行为,相对男生来说要少一些。黎佳佳等人研究发现:小学生的课堂行为参与存在性别差异、角色差异,在某种程度上,男生要比女生更容易出现课堂问题行为。[①]

2.体育运动能力差异

学生因运动能力差异容易产生问题行为。一般而言,运动能力好的学生,对体育活动的兴趣很高,并能积极参与课堂活动,课堂反馈良好,气氛热烈,这样教学效果会很好。反之,运动能力差的学生不喜欢上体育课或者对一些体育项目不感兴趣,并且常常在课堂上表现出退缩的行为以及低沉,甚至烦躁不安的情绪,课堂练习反应缓慢,气氛低沉,这将妨碍学习活动的正常进行。

3.生理反应

在发育期,学生在上课时容易出现紧张、疲劳等生理反应,在课堂上表现

---

① 黎佳佳,黎瑛.小学生课堂行为参与差异性分析及对策——基于逸夫小学六年级的实证调查[J].现代中小学教育,2018,34(1):24-25

出精神不振、惊恐、恍惚等症状,甚至产生课堂问题行为。与此同时,神经性发育迟滞或神经性紊乱也会诱发"多动症",心理学上将此现象称作MBD,也就是脑功能轻微失调。其容易对学生造成的影响是:注意力不集中、活动过度、冲动任性,从而导致其不能控制自己的行为,引发课堂活动过多、情绪不稳定、大声怪叫等问题。

4.心理缺失

学生出现课堂问题行为的重要原因还包括心理缺失,主要表现在焦虑、挫折、个性等方面。焦虑是一种情感上的恐惧和不安。在课堂上,学生的焦虑感往往是由情绪紧张、人际关系不融洽等造成的。学生会因焦虑而产生情绪低落、忧虑、彷徨等课堂问题行为,甚至出现厌恶、烦躁、无理发火等逆向问题行为。挫折会导致学生产生焦虑、不满、冷漠、敌视等情绪,从而致使他们丧失学习的兴趣,甚至会产生说谎、欺骗、公开顶撞、故意发泄等严重问题行为,以及压抑、退缩、逃避等问题行为。此外,学生受到挫折后的情感反应,在特定的情况下,会转变成问题行为。研究发现,学生的个性问题也会使他们在课堂上产生问题行为,而性格外向的人则容易产生攻击性的逆反行为。此外,由于学习成绩不佳或教师不认可,自尊心较强的学生为了得到教师和同学的认可,常常会在班级里故意制造麻烦来吸引教师和同学的注意,从而影响到教学的正常进行。

(三)环境因素

课堂问题行为的产生,不仅取决于教师和学生方面的因素,还与环境影响有关。心理学家勒温关于行为的研究表明,行为是人与环境变化的函数[①]。这一研究结果揭示了人的行为与环境之间的内在联系。环境影响主要包括家庭、社会、课堂内部环境等方面的影响。

1.家庭因素

家庭环境和教育方式的不同也是课堂问题行为产生的原因。心理学家关于离异家庭子女的行为研究表明,单亲家庭对孩子的行为容易产生消极影响,这些孩子在行为上主要表现为自制力差,极易冲动,迁怒于人,容易产生对抗性逆反心理。有研究表明,生长在父母不和、经常打闹的家庭中的孩子,在课

---

①石建忠.从勒温的场论看管理激励中的行为规律[J].岭南师范学院学报,2015,36(4):77.

堂上也经常会表现出孤僻退缩、烦躁不安,甚至会挑衅滋事。此外,父母的不恰当的教育方式也会导致孩子的问题行为。比如,有些父母溺爱、纵容孩子,对孩子百依百顺,使孩子变得自私、玩世不恭、放荡不羁;有些父母粗暴、严厉,动辄打骂,这样的做法会让孩子消极对抗,冷漠孤僻,情绪异常。而这一切都会体现在课堂教学过程中,并会强化其子女在课堂中的问题行为。

2.社会因素

如今,在信息化时代,各种各样的社会信息通过不同的传播途径涌入校园。其中,学生的知识有一半都是通过学校课程以外的途径获得的,如互联网。网络上的信息未必都是积极的、正面的,也有很多暴力粗俗、低俗色情、不良商业性的负能量内容。互联网上的信息良莠不齐,而绝大部分学生心智都不成熟,难以分辨这些信息的好坏,特别是部分辨别能力、自制能力较差的学生容易被这些内容影响,在长时间的影响和诱导之下,可能会盲目地去尝试模仿,甚至将此类不恰当的行为带到课堂中。

3.课堂内部环境

体育课堂大都在室外,是一个开放的课堂大环境,容易受到外界因素的干扰。体育教学都是在动态中进行的,有场地的变换、队列组织的变化,还有其他体育教师上课,这些都会对学生造成影响。这些因素可能会干扰课堂内部环境,引发学生课堂问题行为。

五、课堂问题行为容易出现的时间

课堂问题行为是客观的、必然的、具有普遍意义的。但是在短短四十分钟的课堂教学中,问题并非是反复出现、均匀分布的。教师只要细心观察,对问题加以科学分析,就能找到产生问题行为的集中区域和问题频繁发生的时期。结果表明,在下列时间点中,学生的课堂问题行为最为常见。

1.上课的初始时间段

刚开始上课的时候,学生最容易出现课堂问题行为,因为学生上体育课时大脑一般处于非常兴奋的状态。刚开始上课时的整队集合环节常有学生讲话、相互推撞、插队等现象出现,往往要在教师的再三鸣哨、口头和动作语言提示下,学生才能安静下来。这几分钟内就是问题行为的高发时间段,容易发生违纪行为。

2.课中超负荷阶段

在体育课堂教学中,受学生耐久力的影响,有些学生容易对重复出现的动作练习感到疲倦,出现精力不集中的情况,从而导致问题行为的出现。一般而言,学生的年龄越小,耐久力越差。教师需要观察学生的练习情况,稳定其情绪,不要超出学生的耐久力、运动强度,否则就容易出现问题行为。

3.最后一节课时间段

经过前几节文化课的紧张学习,学生会消耗大量体力和精力,然而体育课往往又被排在最后一两节课。有的学生身心已经非常疲惫,就有意放松自己,忽视了教学要求。如果教师不注意调整教学的难度和强度,激发学生的运动激情,就容易出现课堂问题行为。

4.下课前的几分钟时间段

经过一节课的紧张学习,很快就要下课了,这时学生的体力和精力已经消耗得差不多了,继续集中精力十分困难,此时就容易出现课堂问题行为,特别是打了下课铃之后,由于学生的注意力已经转移,情绪开始波动,如果教师还坚持要求学生集中精力,就容易出现问题行为。

六、课堂问题行为的特点

课堂问题行为发生在课堂的教学过程中,会妨碍、干扰课堂教学活动的正常进行,严重地影响课堂教学的效果和效率。因此,课堂问题行为是消极的和负面的。但课堂问题行为又具有普遍性,不同的课堂问题行为在程度上还具有差异性,显示了多样性的特点。

(一)课堂问题行为具有消极性

研究表明,有些课堂问题行为会直接扰乱秩序。例如,打骂、推撞、嘲笑他人等行为,随意走动、不服从指挥等行为。而有些课堂问题行为,如不认真听讲、不看教师动作示范、凝神发呆、胡思乱想、心不在焉、做白日梦等注意力涣散行为,练习不投入、不按规定完成动作、爱找理由、不合作、团队意识差等不负责行为,不参加练习等抗拒行为,胆小害羞、不与同学交往的退缩行为,寻求赞许、期待帮助的依赖行为等,这些虽不会直接干扰课堂秩序,却会妨碍该学生的学习,同样会影响教学效果。[1]

课堂问题行为增加了课堂上教师工作的复杂性,使教学过程难以控制,给完成教学任务带来一定的难度。同时,学生因问题行为而偏离正常的学习轨道,导致听课效果差,学习兴趣下降,最终可能导致学习成绩下降。个别学生的问题行为还会影响周围甚至整个班的学习秩序、学习效果。因此,问题行为具有消极性,一旦发生,必须予以及时控制和消除。

(二)课堂问题行为具有普遍性

体育课堂中的问题行为具有较强的普遍性。不仅学困生有问题行为,优秀生也有问题行为,只是他们在数量的多少、发生频率和程度轻重等方面不同而已。另外,这些问题行为不具有规律性,优秀生一般不在主科课堂上发生问题行为,但在体育课中有可能会出现。学困生对主科不太感兴趣,容易在主科课堂上出现问题行为,但在体育课中却表现得很好,常受教师表扬。可见,问题行为在课堂中是经常发生的,涉及的学生比较广泛,具有普遍性。

(三)课堂问题行为的程度以轻度为主

体育课堂问题行为具有普遍性,但这些问题行为的轻重程度是不同的。研究表明,课堂问题行为以轻度为主。心理学家瑞格等人曾做过研究,从1020个课堂片段中分析出学生的问题行为表现,其中最普遍的问题行为有:大声说话、思想开小差、不恰当使用教材或设备、讲废话、吃零食、随便走动、做小动作、故意大笑等[2]。根据我国学者的调查研究,中小学生在课堂中出现的纪律问题,轻度的占绝大部分,比较严重的和非常严重的占少部分。可见,无论中国还是外国,课堂问题行为主要表现为轻度问题行为,而且持续时间短,易变性强。这是国内外不同学者对课堂问题行为调查分析得出的一致结论。

---

① 张彩云,武浩.中小学生课堂问题行为研究述评[J].心理与行为研究,2016,14(3):420.
② 沈双一,常云平[M].课堂管理学分析.北京:光明日报出版社,2015:154-155.

课题探究

课题之一

探究题目:如何把握体育教师课堂管理原则?

探究建议:运用书中的知识,查阅有关学校体育教学管理原理方面的资料,结合体育教师课堂管理的独特性质进行全方位的讨论。

课题之二

探究题目:运用书中的知识,结合自身实际情况,谈谈体育教师如何有效实施课堂管理行为。

探究建议:利用教育学、管理学、心理学等学科知识进行探讨。

学导提示：

  体育课不仅是一种教、学、练合一的课程，而且是一种多种组织形式相互配合的课程。体育教师课堂管理是体育教学研究中的一个重要方面，是在教学过程中所表现出来的具有稳定性的行为，它在一定程度上关系到教学目标、教学效果，也影响着课程标准实施与体育课程改革的成效。本章从多角度、多维度分析了体育教师课堂管理实施的依据、原则、策略与方法。

第五章

体育教师课堂管理实施

第一节　体育教师课堂管理实施的依据

一、体育教师课堂管理实施的理论依据

  体育学是研究体育科学体系及其发展方向的一门学科，虽然其有着专门的知识体系，但是也离不开其他学科理论的支撑。因此，即便是扎根于体育工作一线的体育教师，要实现体育教师课堂管理的有效实施也离不开理论依据的支撑。通常，体育教师课堂管理实施的理论基础来源主要有哲学、社会学、管理学、教育学、心理学等基础学科的理论。

（一）哲学基础

  当代各种哲学思潮的蓬勃发展对课堂管理具有多方面的影响，在此，仅选择当代西方哲学思潮中具有重大影响的三大思潮，即存在主义、结构主义和后现代主义，并说明其对课堂管理的启示。

1.存在主义

存在主义对体育教师课堂管理的启示在于：

首先，体育教师要为学生的自由选择提供帮助，鼓励学生积极思考，允许学生尽可能地自我选择。教师还要培养学生的责任意识，引导学生对自己的选择及行为负责。其次，在教育过程中，师生之间的对话和交流对于教师实现教育目的、学生实现真正的自由是至关重要的。存在主义者认为，对话可以促进人的自我生成，这具体表现在两个方面：其一，对话是让人们开口、让人们暴露实际问题的一种最好形式，是让人们（生存）"不脱离更新、更深刻的生活基础的唯一办法"；其二，对话是自由人与自由人之间的交往，适合于人们的自由选择、自由创造的要求。对于和谐师生关系的建立，存在主义者强调对话所具有的重要意义。在他们看来，对话不仅是师生之间交往的一种形式，而且是弥漫、充盈于师生之间的一种教育情境和精神氛围。"在对话中，可以发现所思之物的逻辑及存在的意义。"[①]所以在课堂管理中，教师应该展开对话交流，使课堂管理变得更加和谐、融洽。最后，体育教师应营造一种和谐的民主课堂气氛，以一种创造者或激励者的角色进行"生产性"而非"复制性"的课堂管理，使课堂成为对话或交流的互动场所。课堂教学不是教师对学生的指挥与控制，更不是教师把自己的价值观念和行为准则强加给学生或者迫使学生服从，教师要积极地与学生沟通、交流，这样才能更好地管理体育课堂。

2.结构主义

结构主义对体育教师课堂管理的启示在于：

首先，体育教师在进行课堂管理时，应注意管理的方式、方法，尤其是在处理课堂的紧急情况时，更应注意方法的恰当性，从课堂教学的整体结构出发，在各个事情的联系中，找出关联，从而解决问题。其次，体育教师在课堂管理中，应结合结构主义所具有的转换规律性的特点，结合每个学生各自不同的学习特点进行管理，使学生都能在正确、合理的课堂管理下学到知识。最后，体育教师在课堂教学中，应放弃自己无所不知的能人、学者心态，应当给学生创造宽松的学习环境，引导他们主动学习。

---

① 雅斯贝尔斯.什么是教育[M].邹进，译.北京：生活·读书·新知三联书店，1991：12.

3.后现代主义

后现代主义对体育教师课堂管理的启示在于：

首先,体育教师课堂管理是要在课堂中建立一种自由开放的"对话"关系,使学生与体育教师能够合理交往,营造出一种和谐的体育课堂气氛,而不是像以前的体育课堂那样,教师给予学生威胁性的交往与对话,时不时对学生下命令或是指使学生做他们不想做的事情。其次,结合后现代主义的思想观点,有的学者提出了"交互主体性"理论,认为在体育教师的教学过程中,教师和学生都处于主体地位,教师在传授知识的过程中起到了主体的作用。①然而,学生在人格上与体育教师又是一样的,他们有自己的价值观念,可以自由地、积极地去参与体育课堂教学,在体育活动过程中有选择的权利和创造性的自我表现的权利,所以学生也是主体。最后,体育教师与学生在教学过程中也会产生交往,教师传授新的知识技能,学生在学习掌握的过程中会遇到理解不了的问题,这时体育教师就得进行指导,于是,彼此之间便会频繁地发生"主体交互"的情况,这样的交互会使体育课堂教学有条不紊地进行,从而使体育课堂得到有效的管理。

(二)社会学基础

课堂教学的过程体现了师生之间的互动,这种互动可以呈现出许多课堂情境,因为体育课的特殊性,体育课堂具有更强的互动性。课堂管理中渗透着社会学的"影子"。因为从社会学的角度来看,课堂也是一种社会系统,用社会学的原理、原则及其研究的相关成果来分析、研究课堂管理显然是有益的。在此,我们仅选择在社会学中影响较大的功能主义、冲突理论,说明其在体育教师课堂管理中给予我们的启示。

1.功能主义

功能主义对体育教师课堂管理有如下启示。首先,体育教师在课堂管理中,要积极致力于课堂文化建设,形成积极向上的文化学习氛围。因此,体育教师在体育课堂中,应该建立良好的课堂文化,形成师生认同的体育课堂价值体系、观念。同时,体育教师应在这方面给予更多的关注,以保证课堂文化处

---

① 葛新.论体育教师课程执行力的发展[J].体育文化导刊,2015(12):146.

于积极向上的一面。其次,在体育课堂教学中,体育教师要善于引导学生进行自主学习,并给予积极的帮助、引导。通过交流,师生之间的关系将变得更加融洽、和谐。最后,课堂也是一种微型社会系统,包含着物理、认识、社会、情感等多种因素,这些因素都处于整个系统内复杂相连的各个环节中,任何一种因素的变化都将对整个系统产生影响。同时,其功能的发挥取决于这一系统结构的整体优化。[①]这在体育教师课堂管理中也不例外。体育教师在课堂管理中,应对体育课堂的特殊性进行研究、改造,使体育课堂中的各种特殊因素得到调整及改善,使体育课堂变成一个统一的整体,从而发挥其积极的作用。

2.冲突理论

冲突理论对体育教师课堂管理有如下启示。课堂是社会系统的微观化,因而矛盾和冲突在课堂教学中也是普遍存在的。可是课堂中一旦出现矛盾与冲突,某些教师便不加分析,将其归为危害事件,视为对教师的不满、不尊重,于是采用强制的手段加以控制,而当控制不力时,便大加指责、讥讽、排斥,甚至施以体罚与暴力,造成教师与学生间的对立。另外,这一理论观点无疑为刚性的专制型课堂管理的普遍存在提供了极好的依据和说明,也为我们反思课堂管理提供了另一个视角。冲突是普遍存在的,然而面对师生间的冲突,面对课堂中的失序,教师是通过强制与驯服,还是通过交流与沟通去达成课堂的有序与平衡,这是值得反思的。实际上,教师的强制虽然可以实现课堂的稳定,但这种稳定是暂时的。课堂中因这一强制性关系而产生的秩序,其本身常常成为课堂矛盾与冲突的重要来源。

(三)管理学基础

管理学在 20 世纪出现了多种多样的管理理论,这些理论的出现,使得管理学这一学科得以蓬勃发展。从课堂管理来看,管理理论与管理学有着直接的联系,对管理学有深度研究必然会对课堂管理有非常大的帮助。在此,我们仅从教学管理的"人际关系—行为科学"这一管理理论角度来探讨体育教师课堂管理的特点及其发展趋势,这将对我们的课堂管理起到指导作用。

---

① 陈时见.课堂管理论[M].桂林:广西师范大学出版社,2002:89.

"人际关系—行为科学"管理理论对体育教师课堂管理的启示是:首先,在体育教师课堂管理中,应当注重学生是以后走上社会的"社会人",教师要对自己的学生有所了解,知道他们想学到什么、想要什么,这样才能"对症下药",保证课堂的教学质量和管理质量。其次,在体育课堂教学中,考虑到体育课堂的特殊性,教师需要注意非正式组织的作用,处理好正式组织与非正式组织的关系,这有利于体育课堂教学的管理。最后,在课堂教学中,教师要充分注意、重视学生的个人性格、爱好,对学生进行有益的激励性管理。这样的管理,会对学生的需要、愿望的满足起到积极的作用。

(四)教育学基础

教育学对体育教师课堂管理有如下启示。教育学作为一门教学科目,它的一些教育理念对课堂管理有着积极的意义,如因材施教原则,它在课堂管理中有着深刻的指导意义,体育教师在课堂管理中应该遵循这一原则。教师针对每个学生的不同性格特点,有的放矢,使学生的特长得到充分发挥。一方面,使他们在体育课堂教学中学到自己想学的知识;另一方面,学生旺盛的求知欲必定会给体育课堂管理减轻压力,产生良好的体育课堂教学效果。教育学的教学方法指导思想提倡启发式的教学方法思想。这种思想也值得体育教师借鉴。体育教师在进行课堂管理时,不应靠自己的"地位"进行严厉性的管理,而应针对矛盾的特殊性对学生进行启发式引导,使其真正意识到自己的错误所在,这样才能从根本上解决课堂管理问题。

(五)心理学基础

心理学提供了了解学生内心世界及其变化规律的钥匙,我们可以运用心理学的理论来了解学生,使教师课堂管理水平得到提高。心理学的发展理论与技术对体育教学的作用主要有测量与描述、预测与控制、理解和说明。我们选取了人本主义心理学和认知心理学进行进一步的分析探讨。

1.人本主义心理学

人本主义心理学对体育教师课堂管理有如下启示。第一,建立新型的师生关系,并以此来促进课堂管理。人本主义心理学对传统教育的批评最主要针对的就是师生关系的不平等,教师对待学生缺乏民主和信任。作为教师,我们应该以真诚、关怀和理解的态度对待学生,设身处地地理解学生,尊重和信任他们,使其潜在的学习动机自然地表现出来,同时,在自我选择、自我监督和自我评估方面给予权利,培养学生的独立性。这样,便可减少在体育课堂上师生之间冲突的发生。第二,教师自身的人格魅力对学生起着潜移默化的作用。体育教师在教学期间,应该注意自己的言行举止,做到为人师表,充分展现教师的人格魅力,使学生在内心接纳教师,从而达到育人的目的。第三,教学管理方法和形式与体育教学目标相适应。根据学生的认知能力和心理特点,在体育课堂中,结合学生的身体素质及领悟能力引导他们学习,尤其是注意发挥学生的优势和组织管理能力,特别是发挥学生干部、学生党员的模范带头作用,让学生管理自己、教育自己,培养学生的交际能力、合作精神和现代道德观念,以此来达到体育课堂教学管理的目的。

2.认知心理学

认知心理学对体育教师课堂管理有如下启示。第一,注意规律在体育教师课堂管理中的应用。注意是人的心理活动对一定对象的指向和集中。注意一般分为无意注意和有意注意两种。无意注意是事先没有预定的目的,也不需要做意志努力的注意。有意注意是一种有预定的目的,需要做一定意志努力的注意。无意注意和有意注意在体育教学实践中有着不可分割的联系,而且在一定条件下又可以互相转化。因此,在体育教学过程中,学生的两种注意都是不可缺少的。学生的无意注意是由直接兴趣引起的,而有意注意是由间接兴趣引起的,两种兴趣的转化必然引起两种注意的交替。①体育教师在课堂管理中,也应利用好有意注意与无意注意,认真分析二者的关系、作用,充分调动学生学习体育技能的积极性,体验体育学习过程的快乐,从而达到课堂管理的目的。第二,根据学生的心理差异因材施教,促进体育教师课堂管理。学生的心理差异是影响体育教学效果的最大因素,这些差异主要包括四个方面:体育学习动机系统的差异、运动认知能力的差异、情感特点及意志品质的差异、性格类型及气质类型的差异。这些差异也会影响课堂管理的质量。因此,在

---

① 王斌.体育心理学[M].武汉:华中师范大学出版社,2011:67.

体育教师课堂管理过程中,教师应注意学生在教学过程中的心理差异与课堂管理之间存在的相互影响的内在规律。只有研究和遵循这些规律,在教学中坚持因材施教原则,才能唤起学生的学习兴趣,激发求知欲望,收到良好的教学效果,从而促进课堂管理,提高教学质量。

知识链接

二、体育教师课堂管理实施的现实依据

体育课作为学校正常课堂教学的重要组成部分,与其他科目的课堂教学有一定的差别。这主要是由于体育课的教学大部分是在室外进行的,而在室外教学中,外界环境的影响较大,组织管理不如其他课程容易,而且学生的课堂问题行为相对其他科目而言较为严重,这给体育教师有效地实施课堂管理和教学带来了巨大的挑战。但是,在实施有效课堂管理的过程中,体育教师遵循课堂管理的一般原理,实现课堂管理现实依据与理论依据的有机结合,课堂管理势必会收到事半功倍的效果。那么体育教师课堂管理实施的现实依据是什么呢?

(一)国家教育方针和学校发展总体要求

国家教育方针是指在特定的历史阶段,为实现这一阶段的基本路线和任务而制定的总体方针。《中华人民共和国教育法》确立了教育方针,即教育必须为社会主义现代化建设服务、为人民服务,必须与生产劳动和社会实践相结合,培养德智体美劳全面发展的社会主义建设者和接班人。[①]重点是:

教育必须要服务于社会主义现代化建设,这是我们国家教育事业发展的总体趋势。教育要和生产劳动结合起来。整个教育要与国家经济发展的需求相协调,要在教学与生产劳动的融合上取得新的进展。这是一个不容忽视的教育政策重点内容。

---

① 中华人民共和国教育部.中华人民共和国教育法[EB/OL].(2021-07-30)[2023-01-17].http://www.moe.gov.cn/jyb_sjzl/sjzl_zcfg/zcfg_jyfl/202107/t20210730_547843.html.

德、智、体全面发展是培养人才的重要标准。"德"既是道德品质,也是思想品质的体现;"智"并不仅仅指的是掌握科学、文化知识和技术、智力的发展,还要培养科学的态度与探求的精神;"体"也不只是指身体素质、身体机能,还有对运动知识和技能的掌握,以及身心健康和高尚情操的培养。德、智、体全面发展,有利于智力劳动和体力劳动的有机统一,从而促进人的全面发展。

我国社会主义教育的总体目标是培养社会主义建设者和接班人。国家的教育教学方针是各级各类教育发展应该遵循的基本法则,是对各级各类教育教学的总体要求,任何教育教学活动都必须认真贯彻执行。体育教师课堂管理应该遵循国家的教育教学方针,并以此制定切实可行的课堂管理方法。学校的工作意图、工作目标乃至各项教育教学活动,都影响和制约着课堂教育教学。学校的总体要求对课堂管理来说不仅是一种要求,还是一种指导和评价尺度。体育教师在课堂管理的过程中必须贯彻学校工作的总体要求,并按此要求来进行课堂管理。

(二)社会背景和学生自身的条件

根据社会发展的需要和国家的教育政策方针,可以确立课堂管理的核心。但是,社会的整体需求又体现在特定的社会环境中,其在何种程度上反映了整个社会发展的需要,对于课堂管理方式的选择有着重要的意义。而我国目前正处在一个学习型社会的大环境中,学习型社会是一个具有现代社会发展特点的社会,它是一个信息社会,信息和知识的数量快速增长,更新的周期缩短,创新频率加快,对人才的需求越来越大,人才越来越重要。因此,学习成为个人、组织和社会的紧迫需求。推动全民终身学习、建立学习型社会和学习大国是我国实现教育现代化和社会主义强国建设目标的重要发展战略举措。2021年3月,《中华人民共和国国民经济和社会发展第十四个五年规划和2035年远景目标纲要》提出"发挥在线教育优势,完善终身学习体系,建设学习型社会。推进高水平大学开放教育资源,完善注册学习和弹性学习制度,畅通不同类型学习成果的互认和转换渠道",明确了终身学习体系建设与不同类型学习成果互认和转换的内在逻辑关系。2022年10月,党的二十大报告提出"推进教育数字化,建设全民终身学习的学习型社会、学习型大国",全民终身学习发展目标首次与教育数字化建立了转合关系。由于这样一种背景的存在,体育教师应该在课堂管理中,按照当时的社会背景对学生进行教育管理,使教学任务能够顺利完成。

此外,教师还应依据学校的具体条件制定课堂管理的原则、方法,要依据学校和班级的实际情况来确定相应的课堂管理目标。班级具体条件的不同,课堂中具体情况的不同,学生个性的不同,都会影响课堂管理原则等的制定。每个教师要想取得理想的课堂教学效果,就应当根据具体情况进行教学管理。

(三)课堂的特点和学生自身的特点

在进行体育教师课堂管理时,首先,我们应该把握好体育课的特点,正如我们在第二章提到体育课有如下特点。一是体育课既要向学生传授体育和卫生保健方面的基本知识、技术和技能,又要促进学生身心发展,是一种教、学、练合一的课程。二是体育课组织教学既有全班的形式,又有分组的形式和个别的形式,是一种多种组织相对自由、互相配合的课程。三是体育课组织多变且复杂,人际交往频繁。体育教学主要在体育场馆进行,教学环境开放,教学空间较大,需要实施控制的因素较多,教师要依据学生的性别、年龄、身体条件、运动技能,以及季节、气候、运动器材等的不同情况来选择教学方法和组织教学。四是体育课中学生要承受一定的生理和心理负荷。在体育课中,学生的身心都要承受一定的负荷,其中,身体练习对机体产生的影响称为生理负荷,由各种刺激所引起的心理负担称为心理负荷。在学校工作中,每个班级的学生都有其自身的特点,这就决定了即使是同样的课程,在不同班级中也会有不同的组织形式,从而使课堂管理表现出不同的特点。把握好课堂的特点便能够使整个课堂管理工作切实有效地进行。因此,教师要善于了解和分析课堂中的各种现象,并从中找出规律性的东西,以此来进行课堂管理。因此,体育教师要善于与每个班的学生交流、沟通,抓住他们的不同点以及相同点进行管理,这样才能使课堂管理井井有条。

总之,体育教师需要在理论的指导下进行实践,实现理论与实际的有机结合,即在实施课堂有效管理时,既要充分运用理论依据,同时也要结合实际情况,灵活运用,实现理论依据与现实依据的有机结合,从而提高课堂管理的效率。

第二节 体育教师课堂管理实施的原则

有效的教学取决于有效的管理,有效的课堂教学管理是课堂教学得以顺利和有效进行的前提。如果没有课堂教学管理,或者课堂教学管理不当,就会严重影响课堂教学质量。体育教师在实施有效的课堂管理时,应该根据体育课与其他课课堂教学方式的不同之处,制定出符合自身特点的课堂教学管理原则,只有这样才能切实有效地提高体育教师课堂管理的能力和效果。

一、主体性原则

主体性是指个人在对象性活动中表现出来的能动性、自主性、创造性和选择性,即对自己的行为方式具有支配和控制的权利。在进行课堂教学管理这一对象性的活动中,学生不仅是管理的对象,也是管理的主体。一般来讲,主体性原则包括两方面的内容:一方面,体育教师作为课堂管理者需要充分尊重学生的主体性,充分尊重学生在课堂中的地位,把学生看作课堂活动的主体,当作具有独立个性的人来看待,树立正确的学生观;另一方面,体育教师在管理过程中要创造一些有利的条件,帮助并引导学生"自发""自觉"地建立和维护课堂秩序,主动地参与课堂教学管理。

这一原则重在尊重学生的主体地位,发挥教师的主导作用。这是在新的课程改革和教学管理中提出的新原则,同时也是教学的前提。学生是学习和发展的主体,也是课堂管理的主体。教师应充分尊重学生的主体地位,以激发学生的自主性、能动性、积极性和创造性为主要目标,让学生参与到课堂管理中来,并给予学生更多自由发展的机会和空间,使学生真正成为课堂管理过程中的主体,将课堂管理变成学生在教师指导下进行自我管理的过程。

体育教师主体性原则的应用,使其课堂角色从过去知识的传授者转变为学生学习过程的组织者、管理者,由知识的权威者变成学生学习的引导者、鼓励者、帮助者及合作者。这样的转变有利于培养学生学习的积极性、主动性和创造性。遵循主体性原则的课堂管理有利于促进学生学习,使他们成为学习的主人而不是被动的接受者。

学生在主体性原则下,获得了主人翁的地位,这就调动了学生学习的积极性、创造性,使学生在课堂教学的过程中,能更好地遵守并跟从体育教师的各项教学指令,促使教师能够保质保量地完成教学任务。

二、因材施教原则

因材施教是指教师要从学生的实际情况、个别差异出发,有的放矢地进行有差别的教学,使每个学生都能扬长避短,获得最佳的学习效果。在课堂教学管理中,要对每个学生的情况进行了解,为因材施教的实施做好准备。体育教师可以通过与学生谈话,或者询问班主任等方法对学生的需求进行详细的了解,搞清楚每个学生在体育方面的特长、兴趣等,以便进行教学管理。

在体育教学中,体育教师应遵循因材施教的原则,充分考虑每个学生的爱好、特长及差异,做到"具体学生,具体对待"。尽管教师都是按照教学目标和培养目标对学生进行教学,但由于学生的身体条件、个人对体育的爱好程度以及对体育项目的喜好不同,教学中会出现一些学生在某些体育项目上有过人之处的现象。例如,有的学生喜好打篮球,在体育课中对篮球知识掌握得特别快,而一些对篮球没兴趣的同学,学起来就有些吃力。这就需要体育教师在课堂教学管理中科学、准确地应用因材施教管理原则,在对学生进行全面培养的基础上,对一些在某个体育项目中有兴趣、特长的学生进行指导教育,不要用一成不变的体育教学模式去培养所有学生。这样的课堂教学环境,才能使教师和学生都获益匪浅。

体育教师运用因材施教原则进行课堂管理,不但能够促进学生个人的兴趣、爱好的发展,而且能够加强其体育能力的培养,使学生在体育教学过程中,不仅得到了锻炼,还提高了对体育的学习兴趣,整个课堂呈现出和谐快乐的氛围。

在因材施教原则的指导下,由于体育教师在全面教育的基础上,注重了学生个人体育能力的培养,给学生以展示特长、兴趣的平台,让学生提高对体育学习的兴趣,这有利于其身心的健康发展。

三、情感性原则

情感性是指教师在课堂教学管理中,要以全身心的"爱"去关心、爱护每一个学生,以此来达到课堂教学的优化与完善。这里的"爱"有两层含义:第一,教师要用自己的个人魅力,去感染每一个学生;第二,教师在生活中,应无微不至地关怀学生,让学生感受到教师的"爱",从而使师生关系更加融洽。

教师要尊重学生的人格,把学生当作自己的朋友,平等相待,态度和蔼可亲。在体育教师课堂管理中,体育教师在处理一些违纪事件时,应该注意体会学生的心理,尽可能增加人情味,重在感化教育,不能一味严厉地用指责的方式来解决问题,否则,会使师生关系变得恶劣,师生难以和平相处,教学无法更好地进行下去。

情感性原则实施的教学过程是一个互动过程,是教师的"爱"与学生"感受爱"的有机统一。要想提高教学效率,师生之间必须进行充分的信息情感交流。只有妥善处理好课堂中的各种人际关系,才能实现教师、学生与课堂情境的协调,有效地实现教学目标,提高教学效率。否则,师生关系处理不当,会造成课堂气氛紧张,课堂纪律出现问题,从而干扰正常的教学活动。

在体育教师课堂管理中,体育教师应该增强自己在学生心中的威信。研究体育课堂教学后,我们发现体育教师的威信越高,学生越喜欢向其学习,与其相处,课堂上基本不会出现问题行为。但是,教师的威信并不是建立在学生对教师命令的服从上,教师应该主动地去改善师生关系,营造良好的师生氛围,用体育教师自身应当具备的人格魅力来吸引学生,使师生距离更近,增强学生对教师的信任。同时,教师的情感状态在体育教学中也是不可忽视的重要因素,教师要以亲切的态度去讲解技术要领,要以优美的姿态去示范动作;要以关心、信任的态度去聆听学生的提问;要以关心、热情的态度去帮助学生纠正错误动作;要以敏感、灵活的态度对待偶发事件,使学生在学习过程中感到亲切、温暖,得到鼓励、帮助。教师与学生平等互爱,理解信任,课堂上便会洋溢着欢快和谐的气氛。这种积极的气氛像"催化剂"一样,激发学生的学习热情,实现师生相互之间的情感认同,并借助情感的表达功能,使师生实现情感沟通,达到情感共鸣,使体育教学活动达到预期效果。

四、民主愉悦原则

民主愉悦指的是教师与学生在课堂教学活动中,能够相互尊重、相互启发,并且教师给学生以自由、平等的权利,课堂教学给学生带来良好的心境和愉快的情绪,从而营造教学目标顺利实现的民主氛围。

教师要尊重学生,尊重学生的人格。新课改提倡"以人为本"的理念,其核心之一就是要求制定的新课程标准必须尊重、理解和信任学生,要理解学生的心理,尊重学生的人格,呵护学生的情感。作为教师,应该鼓励学生、宽容学生,时刻把学生放在心中,多为他们着想,只有这样学生才会感到"爱"的存在,心悦诚服地接受教育。

教师要与学生"共学共事共修养",在师生之间形成民主、平等的关系。[①]要建设师生之间的民主作风,教师自身建设是关键。体育教师要不断地提高自身的文化与技术、技能水平。例如,在体育教学过程中,利用多种教学手段、方法,使原本枯燥的体能课变得充满乐趣等。充分发挥、展现体育教师自身的人格魅力,以此来加强对学生的吸引力。体育教师在教学过程中,必须建立起教师和学生之间平等的朋友式、伙伴式关系,使学生能够体验到平等、民主、尊重、信任、理解和宽容,形成自主自觉、积极乐观、不断进取的人生态度。

在体育课堂管理的过程中,教师还应该注意为学生创造充分发挥其才能的机会,以最大限度地促进学生的全面发展,展现体育课堂教学的民主愉悦性。一个人的才能和知识,只有通过充分的表现,得到社会的认同,才会变得有价值,学生也不例外。这就要求教师在课堂教育教学中,以学生为中心,为学生提供展现自身才能的机会,从而帮助学生得到教师和同学的肯定与认同。如果体育教师没有给学生一个展现自我的平台,那么很有可能会打击学生的积极性与创造性,同时,体育教师也有可能失去很好的教学实例。只有在课堂管理中实现民主愉悦,整个课堂才会变得健康、积极、向上。

---

① 畅肇沁,邢曙.陶行知师德思想体系探析[J].教育理论与实践,2021,41(7):42.

五、激励性原则

在体育教师课堂管理中,激励是指教师在教学活动中,要有意识、有目的地运用自己的语言、动作和教学技巧,营造一种和谐、自然、愉悦的教学气氛,使学生能在自信、自强和积极进取的心态中顺利地完成学习任务。

体育教师使用激励性原则时,要注意以下几点。第一,坚持正确的方向性。所谓的方向性就是指体育教师在教学中使用激励性原则时,一定要坚持正确的政治方向。因为,学生是社会主义现代化的建设者和接班人。只有培养出合格的建设者和接班人,我们的现代化建设才有希望。而教师作为学生的施教者,自身应该具备正确的价值观,把正确的政治观念传授给学生,是教师的责任和义务。第二,要有一定的目的性。教师应该告知学生教学目标、教学计划等,只有学生明确了这些内容,这堂课的教学才会有明显的效果,激励才会变得有价值。第三,要有一定的针对性。体育教师在课堂教学中,要注意针对不同的年级、不同的班级、不同的学生"对症下药",采取不同的激励措施,这样做可以使教学效果事半功倍。第四,要把握好时机。激励要选择恰当的时机,才能使激励作用发挥最佳效果。所以,体育教师要善于抓住激励的时机,在教学中,多观察了解学生,对其好的地方要进行表扬和鼓励,对其不好的地方要进行纠正和辅导。

激励性原则在体育教师课堂管理中显得尤为重要。第一,激励的目的必须明确。第二,对学生的激励要根据课堂教学管理的进度,选择不同的时机、不同的课内课外环境、不同的学生需求,确立不同的激励目的,从而达到良好的激励效果。第三,在课堂教学管理中,激励要根据不同教学任务、对象、时机等条件,坚持"一把钥匙开一把锁",因学生不同,采用不同的激励方式和方法。第四,不能不切实际、盲目地鼓励,而是应当事事把握好尺度。第五,体育教师在课堂管理中,主要针对的是学生,学生是一个发展的个体,处于不断的变化和发展之中,所以体育教师应该用发展的眼光管理课堂教学。

体育教师运用激励性原则进行管理,可以提高学生学习的积极性,促进学生创造性地发挥他们自身所具备的潜力,进而提高教育教学质量。体育教师运用激励性原则进行管理,可以通过鼓励使优秀的学生变得更好,使落后的学生变得有信心。激励原则运用得恰到好处,可以使两个群体的学生一同进步。体育教师运用激励性原则进行课堂管理,可以使课堂氛围变得更加欢快、和谐。氛围的好坏直接影响着学生技能掌握程度的高低。氛围良好的话,学生学起技能来会感到轻松、愉快;反之,则会非常困难,更严重的会导致一些学生厌恶体育课,对体育课产生抵触情绪。

知识链接

第三节　体育教师课堂管理实施的策略与方法

一、体育教师课堂管理实施的策略

课堂问题行为的客观性和普遍性,要求教师不可掉以轻心,必须想方设法处理和解决问题行为,否则难以维持教学秩序,保证课堂教学的正常进行。采取科学的管理方法和有针对性的管理策略,对维护正常教学秩序具有重要的意义。鉴于此,下面介绍几种有效的课堂管理策略,以供大家参考。

(一)预防为主策略

在教学过程中,教师要积极应对各种复杂的教学行为,防患于未然。在预防问题发生的过程中,国外的一些研究是比较值得学习的。一些研究清晰表明,好的课堂管理,不仅仅是在遇到问题的时候,能够及时有效地做出应对,还要能够提前预防各种问题的发生。

(二)教师的权威树立策略

在讨论教师课堂教学的组织与管理时,尤其是课堂控制与学生的课堂服从,首先要讨论的是教师的权威问题。教师在课堂中必须要有一定的权威,如果教师不具备权威性,就无法教育学生和影响学生,也无法促使课堂教学工作顺利进行。

(三)课堂环境师生共构策略

课堂环境师生共构策略是教师和学生在教学活动中,根据民主合作原则,共同参与建构支持性课堂环境,其中包括文化、自然、心理等环境。教师和学生共同构建的课堂环境不仅反映了学生的主体参与意识,而且也为教师和学生之间的民主协作提供了良好的交流平台。师生共同建构的课堂环境策略应具备以下三点:一是师生共构课堂环境应建立在互相尊重的基础上;二是要把学生的兴趣与课堂环境结合起来;三是在教学过程中,教师要主动引导和指导课堂环境的构建。

(四)良好的教学氛围创设策略

良好的教学氛围,有利于课堂教学秩序的维护和教学活动的顺利开展,而课堂管理中问题的多少与教师创造的教学氛围以及学生的心理需求息息相关。积极的课堂氛围与学生纪律之间联系密切,因此,只有创造一个能满足学生实际需求的课堂环境,才能保证学生的行为朝着积极的行动和实现教学目标的方向发展。通过对西方相关课堂管理研究的总结,我们可以看到,要创设良好的教学氛围,满足学生的心理需求,必须从两个方面进行:一是对学生的需要进行分析;二是要明确影响问题行为的环境。教师要创造具有人文关怀的课堂气氛和环境,以满足学生的心理需求。

(五)课堂参与强化策略

教师在教学过程中应科学合理地安排教学活动,尽量提高学生的教学参与度,让学生有更多的机会和时间动脑、动手、动口,那么学生的精力和时间就会放到学习活动中,根本就没有多余的精力和时间去搞小动作,课堂问题行为出现的概率就会降低。

要想学生遵守纪律,形成良好的教学秩序,一个较好的办法是让每个学生都有事情做。虽然课堂提问题和做练习也能让学生有事可做,但气氛不够浓烈。如果结合教学内容开展课堂讨论和学习竞赛等,就能激发学生的积极性。学生投入竞赛活动时,就会积极主动地参与学习,在无形之中建立起良好的课堂教学秩序。

学生是学习的主体,只有学生自觉地向教师学习,虚心听取教师的教诲,积极主动地投入学习中,教师的主导作用才能得到充分发挥,教学才富有成效。同时,教师也应该强化学生的课堂参与意识,这样才能实现内外因作用的有机结合,教师的管理也才有效果。

(六)课堂气氛营造策略

课堂气氛是指课堂中某种占优势的态度与情感的综合表现,是在师生为实现教学目标而进行的互动过程中所产生和发展起来的。它是课堂教学得以进行的心理背景,是解决师生冲突的另一条有效途径。课堂气氛可分为不同的类型。在积极的课堂气氛中,师生双方都有饱满的热情,课堂纪律良好,学生注意力高度集中,思维活跃,发言踊跃,师生冲突难以形成;在消极的课堂气氛中,学生紧张拘谨,心不在焉,反应迟钝,小动作多,潜伏着师生冲突的因素;在对抗的课堂气氛中,师生双方都很厌烦,学生学习懈怠,故意捣乱,教师失去了对课堂的控制能力,师生易起冲突。课堂管理的重要内容之一就是要营造良好的课堂气氛,减少或消除课堂中的师生冲突。

(七)行为激励策略

创新课堂管理不仅要考虑课堂直接能够观察到的变量,还应考虑课堂中一些隐性的变量,如内驱力、人格特征等,从情感、态度、价值观等方面激励正当行为。

一是关注需要。教师要关注学生真实的需要,分析学生正当行为的内驱力。二是关怀激励。教师通过对学生学习生活的关怀,能促进课堂上的师生合作行为。三是榜样激励。号召学生向榜样学习,从而调动学生表现正当行为的积极性,摒弃不良行为。

总之,在新课程改革的条件下,课堂管理创新需要转变课堂管理理念,树立课堂生态观,突出课堂主体的共生关系,把师生从枯燥的课堂中解放出来,从对抗的关系中解放出来,使学生享受学习、享受课堂,使教师热爱教育、热爱生命。首先,要鼓励教师树立现代化课堂管理理念,积极利用信息化教学平台进行更加智能、精准的课堂管理。其次,要激发教师课堂管理的自我效能,引导教师进行课堂管理创新研究。最后,教师在利用新技术进行课堂管理的同时要注重以学生为中心,以学生全人发展为中心。[①]

(八)情感需要策略

情感是课堂教学的灵魂。可以说,体育课堂没有情感交流,就有违"健康第一"的体育教学理念。情感是每个班级成员在课堂中应该享有的,是完成体育教学目标的催化剂。师生相互吸引、和谐相处、相互尊重、相互信任与支持,就有了搞好课堂教学的心理基础。如果体育教师在学生练习的时候能够给予及时的保护与帮助,平时多关心学生,多与学生沟通交流,使学生感受到教师的关怀,就很容易博得学生的好感,使他们喜欢自己,从而让他们产生学习体育的浓厚兴趣。

(九)有效沟通改进交流方式策略

在体育教师课堂管理的过程中,教师与学生之间有效的沟通是课堂管理成功的一半。有效的沟通不仅可以增进教师与学生之间的感情,还能够快速达成既定的教学目标,同时也是课堂管理的有效策略之一。在体育教师课堂管理的过程中,运用有效的沟通策略时需要注意以下几点:第一,要善于倾听学生的想法,倾听表现出教师对学生的尊重;第二,要善于运用肢体语言;第三,要对学生进行正面诱导。

二、体育教师课堂管理实施的方法

课堂教学是一种围绕一定的教学内容,即围绕"教"与"学"而展开的有组织、有目的的师生互动过程。要使这种互动过程能顺利完成事先预定的教学目标,就必须有良好的教学秩序。但是,由于课堂教学是一个非常复杂的教学过程,在这个过程中经常会出现各种各样的新问题,产生各种冲突与矛盾,发生各种偶发的干扰事件,使课堂教学的正常秩序受到干扰。因此,及时预见并排除各种干扰课堂活动的不利因素,有效地维持正常的教学秩序,对课堂教学活动的顺利进行及教学效果的提高有重要的意义。

---

① 张迪.智慧教育背景下教师课堂管理能力研究[J].教学与管理,2023(33):14.

(一)积极纠控法

教师要调控好教学秩序,就要运用表扬和鼓励这种正面强化的手段进行有效管理。教师根据学生的课堂表现,赞赏和表扬学生表现好的方面,这样才能在学生中形成一种积极向上的正气,逐步形成良好的课堂教学氛围。

对于课堂问题行为,教师要克服那种吝啬赞扬的不好的做法,提倡多表扬、少责备的做法,充分发挥学生自身的积极因素去克服消极行为,鼓励和强化良好行为,以良好行为控制问题行为。有效的课堂管理要积极鼓励学生的良好行为,因为学生一旦得到鼓励,良好行为就会被强化,并逐步得到巩固,这样的学生将成为其他同学学习的榜样。同时,鼓励和强化课堂教学中学生所有的良好行为,可以抑制问题行为的发生。

(二)"消极"纠控法

在纠正和控制学生的课堂问题行为时,教师有时候不得不采取一些诸如批评、惩罚等强制性的管理措施,这样才有可能控制住课堂问题行为的蔓延,我们把这种强制性的管理方式称为"消极"的纠控。由于学生上课期间出现一些问题行为,有的教师不是采取有针对性的管理措施来解决,而是通过让学生停课、教师下课拖堂,乃至惩罚全班的方式实施课堂管理。这样的处理,只会适得其反,不能使问题行为得到根本性的解决。因为表现好的同学认为教师应该处罚问题学生个人,他们会责怪教师的处理方式不当,致使课堂秩序更差。

(三)心理咨询法

课堂不是一个静止的空间,而是一个师生双方共同生活和成长的特殊情境。在课堂当中,教师与学生、学生与学生之间的相互交往、相互作用和相互影响构成了课堂情境中的互动,而课堂中的对话与交流则是课堂互动的前提。

课堂活动本身是一个寻求对话的实践活动,实际上也是一个信息交流的过程。无论是学生知识经验的获得、心智的开启和能力的发展,还是教师课堂教学质量的提高,都有赖于课堂活动中信息的有效传递和交流。只有实现了体育课堂中人与人之间、人与环境之间自由的信息交流,课堂才会打破僵局,迈出泥沼。从课堂管理的角度而言,要有效地激发课堂交流,保持良性的课堂互动,并在体育课中大胆开展师生互动交流。

(四)行为矫正法

当前,越来越多的人开始担心学生的问题行为,并把注意力从学生的纪律问题转移到教师课堂控制上去。这一转变与行为主义方法论的出现和普及密不可分。从20世纪70年代中期以来,大部分的研究都致力于帮助教师处理课堂上的问题行为,并且基本上都是以行为矫正方法为主。教师可以忽略不恰当的行为,但同时也应该强化正确的行为,并与学生约法三章。除此之外,教师要系统地学习各种控制课堂的方法,要清楚地表达自己对学生基本行为的期望,并严格地惩罚有课堂问题行为的学生,培养学生对学习的正确态度。行为主义还提倡教师尽可能多使用身体语言和恰当的惩罚措施,通过个人的引导来解决学生学习上的问题行为。

知识链接

(五)教师效能法

20世纪70年代,正当咨询与控制两大流派互争短长时,一种新的课堂管理流派异军突起。这个新的流派不强调教师如何应对学生发生的不良行为,而是研究教师如何预防学生发生不良行为。这个流派后来被贴上了教师效能的标签,它特别关注影响学习的学生行为和教师行为、教师组织和管理课堂获得的技能、教师传授教材的技能、教师构建师生关系的技能。在这种理念下,有效的教师课堂管理应做到以下几点。

1.时间的管理

从实践中,只要教师在体育课中注重管理,那么体育课就会按照教学计划的内容有条不紊地进行。因此,这就需要体育教师对时间实行有效的管理,灵活安排时间,减少时间的浪费。在时间管理上,还要注意根据教学实际适时调控。课堂教学是多种因素相互作用、共同构成的动态平衡系统。教师要合理而严密地组织教学过程,环节的安排要得当,而且各个环节之间应环环相扣。

2.有效的沟通

沟通是课堂管理的基本前提。通过沟通,教师才能调整课堂成员的行为,师生才能形成共同意识和凝聚力;通过沟通,才能保证其他策略的顺利实施。人际沟通策略,即减少课堂人员在互动中出现的对彼此行为的不一致的理解,增进相互谅解和达成共识而进行的信息双向交流。进行有效的沟通,可以从以下几个方面重点着手:一是开放心灵,做到理解和信任;二是建立和完善课堂的沟通机制,健全沟通渠道;三是消除误解。

3.因材施教

在体育课中,由于教学内容不同,各个项目的难易程度不同,个体差异、兴趣爱好、接受能力不同,往往就会出现"吃不饱"和"吃不了"的现象。因此,这要求体育教师在实行教学内容和方法的管理之前,要对学生的基本情况有一定的了解。为了提高管理的效率,体育教师要采用灵活的教学方式,如分组教学。同时,要加强课堂管理,转变传统的体育教学观念,根据不同年龄阶段学生的学习心理特征制定差异化的管理策略,采用刚性化与柔性化相结合的管理手段,提高体育课堂管理效果。①

4.目光暗示法

俗话说,眼睛是心灵的窗户。体育教师的目光,是体育课堂上非语言信息有效的传递手段。因此,体育教师应该充分利用目光的作用,以目光的变化来调控整个课堂。例如,如果有学生在课堂上讲话,而教师正在讲解新的知识内容,这时不方便停下来,教师就可以用目光暗示他,给他一个严厉的注视,很多私下讲话的学生就会停下来。这样,不仅顺利地完成了教学任务,同时也保护了不遵守课堂纪律的学生的自尊,可谓一举两得。

5.动作启示法

体育教师的手势、表情及走动等行为能传递管理信息,是课堂上师生能相互感知到的各种意识信号,也是教师感情的艺术表现。体育教师的一个手势、

① 曹英,尹海.学校体育教学中常见的问题链与矫正措施[J].教学与管理,2018(18):114.

一个示范,都具有鲜明的直观性,学生随时会产生这样或那样的情绪反应,这时教师能把学生的接受意向集中起来,让学生在有限的课堂时空中,按照学习的内容去理解、思考、领悟。此外,体育教师的面部表情、站立姿态等对学生也有一定的激励作用。

6.环境熏陶法

体育教师要尽力创造一个良好的班级体育学习环境,以外在的、内在的组织气氛潜移默化地影响群体中每一个学生的心理状态和行为方式,以一种无形的力量非强制性地规范群体中每个成员的行为。另外,教师还应当注意课堂客观环境的创建,如教学场地的布置、器械器材的安放等。良好的课堂环境有助于师生在教学过程中的情感交流,可以促进师生心理相容,使全体学生的活动处于教师视野之内,从客观上提高课堂管理效果。

课题探究

课题之一

探究题目:根据你对体育教师课堂管理的理论依据的掌握情况,谈谈自己在课堂管理中是否应用了这些理论依据。

探究建议:查阅相关的理论方面的书籍,对本书所提供的理论依据进行理解、掌握。

课题之二

探究题目:根据你对体育教师课堂管理原则的理解,谈谈自己在课堂管理中是否应用了这些管理原则。

探究建议:查阅相关的管理学理论方面的书籍,对本章内容中的原则进行理解、掌握。

课题之三

探究题目:根据你的理解,谈谈如何推进体育教师课堂管理策略的有效实施。

探究建议:以书中的知识和自己的教学实践为主线进行思考。

学导提示:

  体育教师课堂管理评价是以体育教师课堂管理为对象,根据体育教学目标和体育教学原则,采用一切可行的评价技术和方法,对体育教师课堂管理工作及其效果进行测评,判定目标实现程度,做出价值判断的过程。它由"为什么评""谁来评""评什么""怎么评"四个基本问题构成,具有导向功能、诊断功能、反思功能、激励功能。

第六章

体育教师课堂管理评价与评价方案的设计

第一节 体育教师课堂管理评价

一、何为体育教师课堂管理评价

(一)评价的基本概念

1.评价的内涵与构成

  评价是一种以理解世界的意义和价值为目标的活动,主要表现在对人或事物的价值的评估上。那么评价对象究竟是什么?马克思主义价值论对它的回答是:价值事实。李德顺在《价值论———一种主体性的研究》中指出价值事实存在于价值关系运动的现实的或可能的结果之中。[1]从对价值事实的解释来看,评价对象,即评价客体,实际上是指价值主体与价值客体所形成的价值关系运动变化的状况及其结果。评价主体就是评价者,是发动和进行评价活

---

[1] 李德顺.价值论———一种主体性的研究[M].北京:中国人民大学出版社,1987:262.

动的人。在价值论中,评价主体常常代表价值主体的利益对价值事实进行评价,或者评价主体与价值主体合二为一,对由他自身与价值客体构成的价值事实进行评价。评价主体与评价客体的关系就形成了评价的结构。

依据价值论的观点,评价就是一个价值判断的过程。所谓价值判断,就是关于价值的判断,是关于一定客体对一定主体有无价值、有什么价值、有多大价值的判断。价值判断可以说是评价的核心和关键,也是衡量一项活动是否是评价活动的标志。价值判断既可以用语言,也可以用行为,还可以用情感来表示。但评价者无论用什么形式来表示评价结果,实质上它们都是价值判断的外显形式,而这些语言、行为和情感所显示的内容都是评价者所做的价值判断。评价的本质特性就在于价值判断。

2.体育教师课堂管理评价的概念

体育教师课堂管理评价是以体育教师课堂管理为对象,根据体育教学目标和体育教学原则,采用一切可行的评价技术和方法,对体育教师课堂管理工作及其效果进行测评,判定其目标实现程度,做出价值判断的过程。

上述体育教师课堂管理评价的概念中包含以下三个基本含义。

(1)体育教师课堂管理评价是依据体育教学目标和体育教学原则来进行的。体育教学目标是对体育课堂管理是否获得预先设定的成果,是否完成任务的评判依据;而体育教学原则是对体育课堂管理是否合理,是否合乎体育教学基本要求的评判依据。两个评价依据都具有客观性和规范性,也都是教育评价的效度和信度。

(2)体育教师课堂管理评价的对象是体育教师课堂管理。体育教师课堂管理评价的重点对象是作为管理者的体育教师的"管理",包括教师自我管理、教师的教学策略和师德行为等。体育教师课堂管理评价也对学生的"学习"、时间和空间的管理进行评价。

(3)体育教师课堂管理评价的工作内容是测评、判定目标实现程度,以及做出价值判断。"测评、判定目标实现程度"是定量性的评价,主要是评价可以量化的管理效果;"价值判断"是定性的评价,主要是评价体育教师课堂管理方向的正误、管理方法的恰当与否等。

3.体育教师课堂管理评价的构成

构成体育教师课堂管理评价的四个基本问题是:"为什么评""谁来评""评什么""怎么评"。此处重点探讨前两个问题。

(1)评价目的——为什么评。

体育教师课堂管理评价的目的主要有四个,它们都具有重要的作用,各自有其特殊的意义和侧重点。

①选拔目的。

判断教师的课堂教学潜力,选拔教师的评价。这是根据选拔的要求和标准,为选拔教师而进行的评价,例如选出合适的体育教师参加教学竞赛、评选优秀体育教师等。但这种评价,并不面向全体教师,有时也不是指向教学目标,因此,以此为目的的体育教师课堂管理评价不是主要的评价内容。

②甄别目的。

判断教师的课堂教学状况,评定能力的评价。这是根据体育教学的要求和标准,为甄别教师教学状态、评定教师管理能力进行的评价,如开展公开课、安排专家听课;学校内部或学校之间、地区之间进行的教学比赛。在这种评价的目的下,评价是具有甄别性和评比性的,它面向全体教师,指向体育教学的效果和教学的态度,也部分地指向教师的教学基础。这种评价目的在体育教师课堂管理评价中占有重要的地位,它曾经是体育教师课堂管理评价的主要目的。

③发展目的。

发现教师的课堂管理问题,帮助其进步的评价。通过及时发现和反馈课堂管理中遇到的问题,让教师认识到自己在管理能力上的不足和问题,进而达到提高教学质量的目的。这一评价面向全体教师的教学与发展,评价的目标指向教师课堂管理的难点和未来的发展。目前,对体育教师课堂管理评价的研究还未引起足够的重视,但在此基础上,还需要对其进行进一步的完善。

④激励目的。

反馈教师的课堂管理进步,激励教师的评价。对教师课堂管理的进展进行反馈,并对其进行评价,是为了让教师认识到自身课堂管理水平的提高,从而进一步提升自己的课堂管理能力,达到提高学生的学习质量和增强学生的自信心的目的。评价是以教师的工作热情和自信为基础的,其目标指向教师的管理水平和工作的方向。

(2)评价者——谁来评。

体育教师课堂管理的双方是学生和任课教师,因此学生和任课教师就是体育教师课堂管理评价的主体。教师是履行教育、教学职责的专业人员,是课堂管理活动的组织者,是课堂管理活动的直接责任者。教师把握课堂管理的方向,对管理质量负责,因此体育教师课堂管理的评价工作基本上都是由教师或同行专家来承担的。学生是体育管理活动的参加者,对其有着亲身的体验,所以学生对评价课堂管理水平有相当大的发言权。但学生对教师的评价存在一定的局限性,因此学生对教师课堂管理的评价结果只能作为教师改进教学的参考。教师课堂管理评价应建立多元评价主体,将教师自评、领导评价、同行评价、学生评价有机结合起来,从而得到中肯的评价结论。体育教师课堂管理评价在本质上是体育教师、学生与其他评价者共同参与的探究活动。

随着教育事业的发展,学校教育、家庭教育和社会教育的结合,家长和社会代表也可以参加体育教师课堂管理的评价。但是家长和社会代表等评价者无法全程参与体育教师课堂管理过程,因此,他们的评价与任课教师和学生对体育教师课堂管理的评价相比,在客观性、准确性方面都有很大差距,只具有一般的参考价值。

(二)体育教师课堂管理评价的功能和类型

1.体育教师课堂管理评价的功能

(1)导向功能。

方向是整体的战略,是成功的关键,更是人类行动的指导者。体育教学中的教学价值呈现出多样化的特性,因此,对其进行评估就显得尤为重要。在实施体育教学管理的过程中,要按照教学目标制定相应的考核指标和考核标准,并按照考核的要求进行考核。评价内容、评价标准与评价结果之间存在着内在的关联,评价内容、评价标准的不同会导致评价结果的不同,评价的内容和标准就是指导人们行为的一根指挥棒。在体育教学实践中,教师的课堂管理评价在教学中起到了很好的引导作用。

(2)诊断功能。

体育教学是一项有针对性的教学活动,因此,要实现教学目标,就需要对教学管理者和被管理者进行有效的引导。体育教师的课堂管理评价旨在对学生进行正确、有效的教学引导,有助于学生发现问题的症结所在。正确的诊断,有助于改善学校的教学管理工作,提升学校的教学管理水平。要想充分发挥体育教学管理的诊断作用,就必须让评价人员不仅要熟悉体育教学活动,而且要跳出以往的经验框架,以每次评价为切入点,对体育教学的各项活动进行实地考察,并进行细致的分析,从而达到全面、切合实际的目的。

(3)反思功能。

反思,也叫反省、反映,是针对体育教学中存在的不足和偏差之处进行反省。反思具有判断、思考、分析的作用,可以有效加深对实践知识的理解,形成系统的体育教学管理。体育教师的课堂管理评价是一种有效的教学方法,它可以使教师充分调动学生的积极性,激发他们的创造性,并使教师运用各种方法和手段来审视和分析自己的教学行为,充分发挥主动性和创造性。反思能进一步激发教师终身学习的动力,使其持续改进自身的教学监督能力,使其专业素养和整体水平得到提高。

(4)激励功能。

评价是为了激发动力或调动热情。合理、及时的评价可以促进公平竞争,激发各方的积极性。科学评价,不仅可以为管理者提供决策支持,还可以为评价对象提供信息;让管理者了解自己的优缺点,了解自己的工作;激发人们的热情,让人们在一定程度上得到精神上的满足;能更好地激发人们的工作和学习热情,使人们有意识地、全力以赴地去工作、学习,去发现工作和学习中的具体不足;可以帮助被评价的人或单位有针对性地、有意识地改正他们的缺点,从而提高他们工作和学习的质量,促进他们的成长。使人们得到科学、公平、公正、合理、及时的反馈信息,是评价工作的一个重要内容。在评价对象的评价中,必须充分发挥自身的作用,重视自身的激励措施。

2.体育教师课堂管理评价的类型

(1)按功能和用途划分评价类型。

根据功能和用途,评价可以分为诊断性评价、形成性评价和终结性评价。

诊断性评价是指为解决体育教师课堂管理活动中的主要问题,或者是使教学活动的形式、内容和过程更符合活动对象实际情况和需求的评价。诊断性评价能够为问题的发现和修改活动方案等提供基础支撑。

形成性评价是指在体育教学中,为了掌握体育教学活动的开展情况,及时调整和改进教学方法而进行的评价。形成性评价的本质是要认识活动的得失,及时地为活动提供反馈,而不是评定成绩和判断优劣。

终结性评价是对学校体育教学管理活动的效果进行评价。它的重点是对学校体育教学管理工作的成效进行评价,并向有关部门报告,例如将教师的班级管理成效,向教师、领导报告。

(2)按参照标准划分评价类型。

根据参照标准,评价可以分为相对评价、绝对评价和个体内差异性评价。

相对评价是以评价对象的现实情况为基础,建立相应的评价指标。比如,在体育教师课堂管理活动中,以评价对象中大部分人所能达到的水平作为基本准则,按照实际完成的程度进行排序,高于基础标准的是优秀,低于基础标准的是不合格等。相对评价的结果可以反映出不同群体中个体的相对地位。在评选优秀集体和个人时,通常采用相对比较的评价方法。但相对评价只能反映出一个人在群体中的相对地位,而无法反映出一个人的真实能力。

绝对评价是根据一定的要求而形成的评价。如果获得各类资格证书,则根据受评人是否符合一定的条件来进行评价,只要符合一定的条件,就可以认为他具备一定的资质。绝对评价能反映出评价对象将要完成的任务和实际完成的程度。绝对评价的标准是固定的,因此,评价对象能够从中知道他们的行为和他们与标准之间的差异。

个体内差异性评价是将评价对象以前的发展程度或状态作为衡量标准,进行个人内部的差异性评价,可以将个人状态前后的变化与个体的不同侧面进行对比。例如,一个教师这一时期的课堂管理水平与上一时期的课堂管理水平相比,将上一阶段的课堂管理水平作为衡量标准,评估教师的状态是上升还是下降,以此来判断教师的能力专长和缺陷。通过个体间的差异性评价,可以让评价人员认识到各个评价目标的进步、优势和不足,从而找到各评价目标中自身应该认识和努力的方向。

(3)按评价主体划分评价类型。

按评价主体划分,可以将评价分为他人评价和自我评价。

他人评价,又称为"外在评价",是指学校体育教学管理实践者以外的组织和个人,根据评价标准对评价对象进行的评价活动,包括专家评价、社会评价、同行评价等。对教师而言,学生对教师的管理情况的评价是他人评价;对学生而言,教师对其学习情况的评价也是他人评价。他人评价可以让参与者更好地认识自身的状态,从而为改善行为状态提供更多的思路。他人评价的实际效果主要依赖于评价主体的参与以及评价本身具有的科学性、公正性等。

自我评价,是指实施体育教师课堂管理活动的人按一定的准则,对自身各项行为进行自我评价。

(4)按评价方法划分评价类型。

按评价方法划分,可以将评价分为定性评价和定量评价。

定性评价是以开放的方式获得评价的相关资料,以定性的描述方式做出最终的评价。定性评价通常采用观察、访谈、调查、查阅各种文字材料等方式,以描述、分析和总结的方式得出评价结果。定性评价有助于评价主体全面掌握评价对象的总体情况,制订行之有效的评价计划。但是,由于定性评价常常是针对不同的评价对象进行特定分析而得出的定性分析,因而不利于对目标进行准确的对比。

定量评价是通过结构化的方式,事先设置可操作的评价内容,对评价对象的信息进行采集和量化,并利用数学的方法进行评价。

通过对体育教师课堂管理评价的分类,可以更好地了解各类体育教师教学评价模式的特征和功能,这样才能更好地在教学评价中使用多种评价方式,从而使评价工作更加客观、公正。

(三)体育教师课堂管理评价的特点和原则

1.体育教师课堂管理评价的特点

(1)体育教师课堂管理评价是基于事实评判的价值判断。

体育教师的课堂管理评价实质上就是对其价值的判断。这种判断也必然要建立在对体育教学管理活动的客观判断之上,否则,其价值判断就会变成没有依据的主观判断。科学研究注重对事实的评判,也就是对事物客观规律的揭露;评价注重价值判断,也就是对事物价值、意义的揭示。体育教师的课堂管理评价应基于对当前体育教学现状与结果信息的全面掌握,对其进行正确的评价,从而达到体育教学管理的真正目的。

(2)体育教师课堂管理评价以国家教育目的为根本依据。

教育目的是以适应人类和社会的发展需求为导向,为实现教育目标和要求而制定的标准、规范和状态。体育教学质量是学校体育教学工作的出发点与落脚点,是评价学校体育教师课堂管理活动质量的重要基础。教育目的可以划分为总体目的和特定目的。我国的教育政策制定了全国教育的总体目的,各级各类学校、各科教学、各类体育教师课堂管理都有其特定的目的。总体目的与特定目的具有相关性,并可划分为多层次的子目的,子目的是对教师体育教学管理更为直观和具体的评价。

(3)体育教师课堂管理评价的过程具有持续性、全面性。

体育教师课堂管理是一种有目的、有计划、有步骤的实践活动。体育教学中的管理现象和被管理者的改变与发展,必须在特定的时间和空间上体现。从纵向角度来看,体育教学中的任何一种现象都是从原来的基础上发展和演变而来的。因此,对体育教学的管理应具有持续性。从横向角度来看,体育教师课堂管理活动的变化和学生的成长受到诸多因素的制约。因此,体育教师的课堂管理评价活动必须通过测试、调查、访谈等方式,全面、系统地获取有关体育教师课堂管理活动或评价对象的信息,这是体育教师课堂管理评价活动的基础。基础信息材料的系统性和可信度直接影响着评价结果的信度和效度。就像对学生的评价一样,它不仅基于学科考试的成绩,而且综合收集学生在各个方面的日常表现,对学生进行综合评价,以尽可能地符合事实。

（4）体育教师课堂管理评价的过程是主客体互动、评价与指导统一的过程。

作为一种有效的教学管理方法，体育教师的课堂管理评价可以使学生的学习质量得到提升。因此，在评价过程中，评价者和被评价者应该进行磋商，争取被评价者的参与，获得评价者的支持，并注重自己的评价。在评价过程中，评价者要与被评价者进行交流，以获得被评价者的认同，协助被评价者剖析其问题成因，为被评价者提供或创造条件，协助、指导被评价者调整和改进工作。如果仅有评价而没有引导，评价就不是工具，而是目标。教师应实现主体与客体的互动、评价与指导的有机结合，以提高工作质量。

（5）体育教师课堂管理评价是一种心理特征鲜明的主体性活动。

评价者在对客观事物做出价值判断时，一方面要依据事实，另一方面还要受到评价者价值观的影响。可以说，它是一种客观和主观高度结合的活动。评价结果的可信度受评价人员在课堂管理活动中的认识程度和某些心理因素的影响。在体育教师的课堂管理评价中，存在着许多关于教师、学生等管理人员的评价，这些评价的对象都是生活中的人。体育教师课堂管理中的主体、客体都是情感主体，其情感、兴趣、爱好、倾向等都会对其价值判断产生较大的影响，这是个人价值观主体性的必然体现。同样的管理现象或管理活动，由于不同的价值标准、不同的需求，其评价的程序和效果也会不同。

2.体育教师课堂管理评价的原则

体育教师课堂管理评价原则是通过对体育教师课堂管理评价规律的认识和对体育教师课堂管理评价功能和特征的归纳，表明了体育教师课堂管理评价的基本需求。在教学管理中，教师的教学评价准则内容受到了人们对其教学评价的理解的影响。体育教师的课堂管理评价工作是一个多层次的工作，其评价原则应该对整个评价工作所涉及的各个层次都有一个全面的要求。对体育教师的课堂管理进行评估，可归纳出以下几点。

（1）指向性原则。

体育教师的课堂管理评价具有指向性，即评价应指导教学工作与国家教育政策相一致，以适应社会和个人的发展需求，确保学校体育教学活动的良性、健康发展。实施教学管理评价的指向性原则，最关键的一点是体育教师在确定课堂管理评价目的和指标时，应以国家教育目标为基本依据。具体而言，要求体育教师课堂管理评价要科学地设计指标体系的内容、标准及权重,要有合理的呈现与运用,引导、推动体育教师课堂管理活动向着符合国家教育方针、政策要求的方向发展,在教育工作中深入贯彻党的教育方针,使教学目标成为体育教师课堂管理评价的出发点和落脚点。

(2)科学性原则。

体育教师课堂管理评价的科学性原则,就是要在正确认识和掌握体育教学管理工作客观规律的基础上,从客观事实和实际出发,根据科学的标准对体育教师课堂管理活动的过程和成果进行分析判断。不能主观臆测,不科学的评价不但无法达到评价的目标,而且还会打击被评价者的主观意愿,影响课堂管理活动的正常开展。在进行体育教师课堂管理评价时,应遵循教学目标、体现教学目标本质特点、注重教学指标间的衔接和交叉,防止指标重复。评价标准要合理,既要符合国家法规,也要与现实需求相适应。只有正确理解和掌握评价准则,才能更全面、更精确地收集评价资料。对评价资料进行科学的分析和处理,可以使评价结果更加可信。

(3)激励性原则。

体育教师课堂管理评价的激励性原则,是指应当激励评价对象不断地在今后的工作中克服自身的缺陷,从而提高其参加教学的积极性和期望值,它取决于教师对课堂管理的评价目标。首先,要落实教师课堂管理考核激励机制,必须做到客观、公正、准确。反之,则会使评价对象感到不安、排斥,这种评价不但没有激励效果,还会造成相反的效果。其次,要根据评价对象的实际情况,合理确定评价对象的客观环境和条件,既不能太高也不能太低。最后,要关注评价对象的心理状况,评价技术要考虑到评价对象的可接受性,评价主体需要理解和尊重评价对象的观点,并及时向其反馈评价结果,从而激励其在今后的活动中保持优势、克服不足,不断地推动评价对象的发展。

(4)发展性原则。

体育教师课堂管理评价的发展性原则是指在体育教师的课堂管理中,从发展的角度来看待评价对象,使其能够不断地改进和发展。体育教师课堂管理评价,其首要目标不是区分优劣,而是要找出管理的优缺点,总结管理的经验,以推动学生的发展,提升教师的教学水平,改善教学实践。贯彻发展性原则,首先,要提倡对评价对象采取动态的看法,而不是静态的看法,不能定死某项评价的结果。其次,要全面收集评价对象的信息,反对基于片面信息的结论。再次,要尊重评价对象的个体差异,不一味使用同样的标准对不同背景的评价对象进行评价。最后,要对评价对象提出有针对性的改进意见,并提供条件帮助其改进,而不是仅仅以评价结果为依据去排出个高低先后。

(5)可行性原则。

体育教师课堂管理评价的可行性原则,是指体育教师课堂管理评价应在确保方向正确和科学客观的前提下,使评价尽可能简单。评价工作复杂,就会既造成人力、物力的浪费,又加重评价对象的负担,还会影响评价的实际效果。在实施体育教师课堂管理评价时,必须正确掌握评价对象的性质,做到科学、准确,并尽量简化评价指标。还要有正确的判断标准,注意层次与差异。而在评价工作的组织与实施过程中,应尽量做到简单、科学,便于公众理解和利用。在评价的过程中,要考虑到科学性和可行性的问题。

(6)实效性原则。

体育教师课堂管理评价的实效性是指评价要有实际的效果,也就是指导实践和改进工作的效果。体育教师的课堂管理评价是一项与普通科学理论活动相区别的实践活动。若评价不能帮助评价对象发现工作和学习中的问题,并向其提供有意义的改善意见,则评价只是一种形式,不会被人们接纳。实施体育教师课堂管理评价的实效性原则:第一,要有清晰的目标,有针对性地指向各种问题,并能有效地发挥评价的引导功能,从而使问题得到有效的解决;第二,要使评价过程中的主体和客体能够进行交流,及时提供评价资料,并协助评价对象解决问题。这有助于激励评价对象积极主动地参加评价,并自觉地提高工作水平。

二、体育教师课堂管理评价与相关概念界定

(一)体育教师课堂管理评价与体育教学管理研究

在体育教学中,体育教师课堂管理评价与体育教学管理有很多相似之处。比如,两者都有一定的研究目的和研究对象,都需要大量的、全面的资料、数

据,都要对获得的资料、数据进行归纳整理,并运用定性、定量方法进行分析比较、综合处理、深入研究,最后得出结论。但这两者之间也存在着根本的不同,具体表现在以下几个方面。

1.目的不同

体育教学管理是以研究为目标,以新的发现和新的结论为目标;而体育教师课堂管理的评价目标是对课堂管理过程、课堂行为进行调控,使教学质量得到进一步提高,从而促进国家整体教育水平的提升。

2.结果的实践意义不同

体育教学管理的相关研究成果,有的可以直接应用到实践中去,有的则可以丰富和发展教育理论与科技,并间接地服务于社会实践;而体育教师课堂管理评价,则对学生自身素质的提高和学校教学决策有一定影响。

3.本质属性不同

体育教学管理的实质是"创新""发现";而体育教师课堂管理评价的实质是对体育教师课堂管理进行价值判断,关键是对其进行调控。

(二)体育教师课堂管理评价与体育课堂管理评比

评价和评比在有些方面类似,如都有明确的目的、指标和标准,都注重收集有关的信息、资料、数据,都依据预先制定的标准对评价对象做出判断,都要进行信息反馈,公布最后的结果。但是二者在指导思想、功能、依据和判断方法及对最后结果的处理等方面却有明显的区别,主要表现在以下几方面。

第一,体育课堂管理评比的主观随意性较强。这一方面表现为评比目标的随意性,它受一定时期的主要任务和风潮的制约,往往当前的主要任务是什么就进行什么评比;另一方面表现为评比指标的随意性,评比指标的确定往往受评比人主观认识的影响,缺乏客观依据。而体育教师课堂管理评价在评价目标如何确定、指标如何筛选等方面要比评比严格、谨慎、客观,要经过多位专家反复论证才能确定下来。

第二,体育课堂管理评比指标的权重不恰当,不是等量齐观(不分轻重)就是随意确定指标的权重,比较主观和随意;而体育教师课堂管理评价有多种分配和确定指标权重的科学方法,因而主次分明、轻重得当。由于评比对指标的权重分配不合理,未能把重要程度不相同的指标在权重大小上公正、合理地反映出来,因而评比结果往往不够客观、公正,容易产生负面影响,会打击一部分评价对象的积极性。

第三,体育课堂管理评比的目的在于横向比较,在于区分评价对象的优劣和等级,以便进行奖惩;体育教师课堂管理评价的目的并不在于横向比较,而在于对评价对象做出客观、公正的价值判断,对照理想目标和评价标准找出差距,发扬优点,克服缺点,发现问题,及时纠正,以便达到提高教育质量和改进教育工作的目的。体育教师课堂管理评价有明确的评价目标和科学的评价指标体系,并对其合理性、科学性、有效性、可行性进行过鉴定和论证。

(三)体育教师课堂管理评价与体育教学工作评价

体育教学工作评价是学校对其日常工作情况的一种评估,通常是由教师对各种教学工作的评价和对学生的学业成绩的评价组成的。体育教师的日常教学评价主要有:教师备课、上课、作业布置和批改、成绩考核、教学内容安排、教学方式和教学方法的评估;学生评价主要是评估学生学习能力的改变和表现,以及学习目的、态度、个性等方面的改变。通过体育教师课堂管理的定义可以看出,体育教学工作评价具有较广的覆盖面,而体育教师课堂管理评价则是从更加具体的层面上进行的。但是,就广义而言,体育教学工作评价通常是在一学期或一学年末进行的,更多的是一种总结式的评估;而对体育教师的课堂管理的评价,则是对教育和教学活动的评价,更多的是形成性的评价。

(四)体育教师课堂管理评价与体育教师评价

体育教师评价是对体育教师个人素质、教学职责等方面的全面评价,既可以是综合评价,也可以是个别评价。体育教师的综合评价主要有:教师基本素质、教学能力、教学过程、教师工作表现。而体育教师的个别评价,则是从一个特定的角度来进行评价。在进行综合评价时,其涵盖的范围很广,与体育教师课堂管理评价有很大的不同。但是,在个别评价中,尤其是对教师课堂教学情况的评价,与体育教师课堂管理评价有着密切的联系,两者在评价目标、评价方式等方面存在着明显的相似性。但是,两者之间也存在着显著的差异:体育教师课堂教学情况评价的目标是体育教师在课堂教学中的行为,而体育教师课堂管理评价的目标不仅限于课堂教学中的体育教师,而且还涉及师生之间的互动。

(五)体育教师课堂管理评价与观摩教学中的听评课

观察教学通常是由教育行政机关或校领导组织,以评价教师的教学水平,或对某个课题进行深度讨论,或评价某种教学方法,或举行集体听课,以促进教师的教学实践。听课的人数不定,听课的范围不定。观摩式教学的主要目标是对课堂教学进行总结和交流。在听评课中,听评课与课堂管理评价有很多相同之处,但在实际操作中,很多人将其视为课堂评价的一种方式。其实,两者之间是有很大差异的,它们在目的、组织和运作方面都存在着差异。与观察式教学交流的目的不同,教师课堂管理评价更多地侧重于对其优劣进行分析,以期达到持续改进教学的目标。听评课是一种特殊的学校活动,而在体育教师课堂管理评价中,它的实施是以各种形式进行的;体育教师课堂管理评价是一种自身评价与他人评价相结合的评价活动,而听评课的评价以他人的评价为主。

第二节 体育教师课堂管理评价方案的设计

一、体育教师课堂管理评价方案的设计程序

体育教师课堂管理的评价方案,是根据一定目的和体育课堂活动及评价活动的一般规律,对评价的内容、范围、方法、手段、程序和组织领导等加以规范,做出基本规定,是评价活动的先行内容。评价方案涉及的内容是多方面的,不同的方案包括的内容范围不完全相同。

(一)体育教师课堂管理评价方案的设计概述

1.体育教师课堂管理评价方案的设计目的和指导思想

评价方案设计开始时,应交代本方案进行评价的目的是什么,评价对象是什么,预期达到什么结果,评价的基本要求是什么,评价的原则是什么。这部分的编写要紧紧围绕教育目的和方针政策,既要简练,又要切合实际。在设计体育教师课堂管理的评价方案时,应该从以下几方面考虑。

(1)社会对体育教学的要求。

体育教育作为一种社会现象,在一定程度上受到了社会的约束,其作用在于促进人们的身心健康,从而促进社会的发展和进步。社会对体育教育的需求,在《体育与健康课程标准》的不同学段中,都有关于"人才""体育教育教学"等方面的内容,这是建立体育教师课堂管理评价的基础,也是开展各项体育工作的依据。因此,在制定体育教师的课堂管理评价标准时,必须以体育教育目标为指导。

(2)以体育教育学科理论为基础。

体育学科是反映体育教学规律的学科,只有在体育学科的指导下,体育教师的课堂管理和评价活动才能取得较好的教学效果。体育教师的课堂管理评价是一项理论和实践相结合的活动,缺乏相应的理论知识,就难以有效地开展评价工作,更无法有效地指导体育教学工作。没有正确认识体育教学的本质、原则、规律、方法等,就无法形成科学的教学评价标准,也就无法对体育教学实践起到指导作用。对于体育教师,如何准确把握体育教学的本质特征,理解体育教学运行的内在规律,从而达到提升体育教学质量的目的,是一个历久弥新的话题。

(3)评价对象的状态和水平。

体育教师课堂管理评价并非最终的目的,而是为了实现其教学目标。通过对目标进行评价,找出问题所在,并针对问题提出相应的对策,以达到最佳效果。所以,在制定课堂评价标准时,应充分考虑评价对象的整体状况和水平,使课堂评价工作更具实效性。评价标准过高,可能使评价对象认为无法达到该标准,从而丧失前进的勇气和信心;评价标准过低,也可能导致评价对象产生自满情绪而止步不前。

2.体育教师课堂管理评价方案的设计内容

课堂管理评价方案的设计内容是指对特定的评价对象评价哪些方面的内容。评价内容是为教学目的服务的,哪些方面内容的信息有助于实现评价目的,它就应该是课堂管理评价方案的设计内容。设计内容包括以下几个方面。

(1)确定评价标准。

评价标准包括每项评价的相对分量,以及对每条标准的表现水平的描述。在教育教学实践领域,在实践课堂教学中需要参照具体指标,力求达到各个指标的系统化和科学化。评价,在某种程度上对课堂教学质量的提高有一定的作用,但人们总有一种不太满意的感觉。这种感觉来源于人们对课堂教学整体质量的把握不足。因此,必须寻求一种更有效的方法,建立新的课堂教学评价标准,以求更全面地把握体育课堂教学的本质。

(2)确定体育教师课堂管理评价指标体系。

在明确了体育教师课堂管理评价的目标之后,要解决的是评什么的问题,也就是如何进行具体的评价。在教学过程中,教师应对教学评价指标进行认真的研究,力求在教学过程中获得事例和范例,形成一个统一的尺度,并建立一个科学的教学评价指标体系。

(3)收集体育教师的课堂管理评价资料。

在评价实施过程中,收集课堂管理评价资料是一个非常关键的步骤。信息的获得取决于收集资料的方式与程序。收集、获取信息的方法有以下几种。

观察法。观察法以听、视为主,可以充分地运用照相机、摄像机等设备。观察法的应用范围广泛,可以收集更多的数据,目前主要用于观察评价对象的行为表现、情绪变化和意志特征。

访谈法。访谈是为了更好地理解评价对象的心理状况,不受语言能力的制约。在访谈中,可以将评价对象进行归类,并依据评价对象心理适应性的情况,对深层问题有更深的认识。

问卷法。调查人员可以通过邮件、电话、短信、微信等方式进行调查。问卷法可以在较短的时间内获得较多的资料,而对调查问卷进行科学、合理的调查和数据分析则是一项具有高技术性、高要求的工作。

(4)判断体育教师课堂管理评价的结果。

评价数据是做出判断的基础,而数据处理是判断的基础。要想做出正确、科学的判断,必须要通过对评价数据的加工、处理。体育教师课堂管理评价的最终目标不仅仅是得出评价结论,还要激励评价对象更好地发挥教育教学的作用。因此,在进行综合评判的同时,也要明确评价对象的优势和问题,并对其成因进行分析,提出相应的改进方法和措施。

(二)体育教师课堂管理评价方案的设计步骤

1.明确课堂管理评价目的

体育学习评价应以育人为本,注重学生素质的全面发展。评价的目的在于了解学生的学习情况,发现不足,找出原因,以便改进学习策略和方法,其主要功能在于反馈和激励,而不是甄别和选拔。对学生体育学习的评价不能以一次运动技能的抽查为依据,要强调评价与教学过程相关的态度、行为,对体育与健康知识的理解和运用,运动技术的运用和运动参与程度等,既评价最终成绩,又评价学习过程和进步程度,注重学生在学习过程中的自我评价、互相评价和教师评价相结合等。体育学习的评价过程既是对评价对象的认识过程,也是学生体育运动习惯养成的干预过程。

2.体育课堂管理评价设计方案的项目要求

可靠性。可靠性与客观性、精确性相联系。教育评价是在对评价对象客观测量的基础上进行的价值判断,如果测量结果不精确,或价值判断的主观性太强、误差太大,就不会得到可靠的评价结果。因此,在设计体育教师课堂管理评价方案时,既要有对评价信息的采集、分析和统计处理的规定,又要充分注意评价工具和方法的科学性以及信息的全面性。

有效性。有效性主要取决于体育教师课堂管理评价内容确定得是否合理,课堂管理评价方法是否有效。评价内容是评价目标的具体化。任何评价活动都是通过一定评价内容项目的测量和判断实现评价目的的。如果评价方案中的内容确定得不合理,所评价的东西并不是评价目标所规定的,则不能反映评价目标,那么依该方案所得的结果对评价目的来说就会是低效的或无效的。同时,对于不同的评价项目,要规定获得信息的有效方法,如定量的或定性的、精确的或模糊的等。课堂管理评价方法影响有效性。我们要使现代体育教师课堂管理评价标准达到有效性的要求。

规范性。体育教师课堂管理评价方案作为评价活动的规定性基本文件，应具有指导作用，并应具有规范性的特点。对于同一类评价对象，评价人员要严格按照方案规定的评价内容、标准、程序、范围采集信息并进行判断，任何人都不能随意更改评价方案或以不同的标准进行评价。体育教师课堂管理评价方案具有规范性，不仅能使评价的各种活动统一进行，而且决定了在一定范围内评价结果的可比性、公平性。

可行性。体育教师课堂管理评价方案是评价活动实施的指导性文件，它必须可行，否则评价活动将难以开展，不利于达到评价目的。体育教师课堂管理评价方案的可行性：一是指评价方案不能只给出抽象的原则性的意见，而要有具体的实施措施，具有可操作性；二是指所规定的评价指标、标准要切合实际，指标系统不能太烦琐；三是指要有方案实施的人力、物力、财力、时间及评价技术手段等方面的保障，评价方案不能脱离这些实际条件。

3.课堂管理评价者的要求

在设计课堂管理评价内容时，我们应考虑以下几个问题。

首先，评价者具备的能力。他评是确定评价者的重要评价方式。以往的教学评价活动，通常是由评价者直接领导。在课堂上，常由校长和教学管理人员担任评价者的角色。随着课堂管理评价的科学化，主要由同一学科、同一年级的教师，根据制定的科学课堂管理评价标准，对教师的课堂管理进行评价。而两种评价方式有一个共同的特征，即作为被评价者的教师只能被动地接受评价，而不能自主地选择评价者。

而在现代课堂教学评价中，评价人员双方必须围绕课堂教学活动进行反复协商，达到"心理相容"，即群体成员间的相互理解、包容和协调。评价者应是为被评价者所接纳的人，否则将会对评价工作的进行产生直接的影响。所以，在现代课堂教学评价中，选择评价者是一个非常关键的环节。能够担任评价者的人员，通常是专家、学者或教学管理者等，小学阶段主要是校长、副校长或教导主任。在中学，除了上述三类人员之外，还有教研室主任或同一学科的教师。此外,熟悉评价工作内容的校外教研人员和科研人员也可以担任评价者。

因此,对一位优秀的体育教师进行课堂管理评价时,评价者必须具备以下两个条件:一是具有较强的评价能力,且拥有雄厚的评价知识,例如听课技能;二是要有正确的评价态度。一个习惯于主观判断或敷衍了事的人,其评价的可信度也会降低。

4.课堂管理评价表格的设计

完成了课堂管理评价指标的设计之后,就要考虑收集和处理教学评价信息的方法,并设计相应的表格,为实施课堂管理评价做好准备。

5.课堂管理评价结果与反馈

体育教学是一个不断完善的过程,体育教师课堂管理评价不是教学过程的结束,而是为未来教学提供的反馈信息。课堂教学反馈是用课堂教学活动的结果来调整未来的教学活动。体育课堂教学反馈可包括以下两个方面。

(1)形成综合性判断。根据评价所产生的定量的或定性的结果形成综合性的意见,并得出是否达到应有标准的结论。(2)分析诊断问题。综合判断并不是评价的目的,评价的目的是改进课堂教学。教师通过自我评价调整教案,发现原教学计划中的不足,或增添新的事例,或想到了新的教学策略和方法等,可在教案上做记录或修改,不断优化教学过程。

6.判断体育教师课堂管理评价结果

对体育教师课堂管理评价资料进行加工、处理后,在对评价的结果做出判断并给予反馈时,应该让所有参与评价的人和被评价的人面对面地进行沟通。评价完成后,相关人员要定期对评价对象进行回访,以促进改善措施的落实。而对课堂管理评价活动本身的质量进行评价,能为总结以前评价的经验教训、改进评价方案提供依据。

二、体育教师课堂管理评价指标体系的设计原则和结构

(一)指标体系的概念

评价指标是对评价目标某个方面的规定,是评价目标某个方面的具体化。

而目标则是在目的基础上制定出来的,是实现预期目的并支配实践活动的理想和意图,它引导人们为达到自己的目的去进行实践活动。评价目标比较笼统,具有一定的概括性,不具有可操作性。因此,要达到评价目的,就必须把评价目标分解成一系列项目,这就是指标。指标具有行为化、可测量的特点,是直接的、具体的评价内容。评价指标体系是指评价目标逐级分解后所形成的一个系统化的指标群,既有层次顺序,又相互联系。指标体系的构建是整个研究过程中的第一个步骤。该步骤的任务是选取出能够描述体育教学效果的多个指标,以此构建一个指标体系,以用于评价分值的计算。

(二)体育教师课堂管理评价指标体系的设计原则

1.发展性原则

体育教师课堂管理评价并非一种直接的目的,它可以通过对整个体育课堂进行价值判断,从而使课堂管理过程得到优化,达到体育教学的目的。体育教师课堂管理评价必须符合时代要求,既要能提高教学质量,又要能促进学生的身心发展。尤其是在不同的历史阶段,不同的国家和社会对学校体育的需求有很大的差异,所以在制定指标体系时要遵循发展性原则,做到实事求是,但不能一成不变,而是要与时俱进,不断更新。

2.方向性原则

体育教师课堂管理评价指标体系设计的方向性原则,就是指指标体系应以教育工作与国家教育方针为导向,以满足社会和个人的发展需求,确保教育活动的良性、健康发展为主旨。在遵循体育教师课堂管理评价的指导思想的前提下,体育教师课堂管理评价的目标与标准应以国家的教育目标为基本依据。体育教师课堂管理评价的起点与终点在于推动教育工作贯彻国家教育方针,实现教育目标。

3.科学性原则

体育教师课堂管理评价指标体系设计的科学性原则是指指标体系要遵循体育教师课堂管理评价的客观规律,要以客观的事实、足够的信息、科学的分析和处理为基础,克服主观的随意性和感情因素的影响。

4.整体性原则

评价指标是一种制度,它需要有某种结构。整体性是指标体系对评价对象的完备性和全面性的体现。指标是一种特定的目标,而目标是一种有系统的指标体系。评价指标体系的设计应遵循整体的原则,而不应遗漏反映评价对象本质的重要指标。但整体性原则并不是说每个指标都要做得很细致,不是说不能把每个指标都区分开来,而是要保证每个指标都不能漏掉,任何一个项目的缺失,都会导致目标出现偏差。评价中,评价指标的数量越多,就会受到越大的干扰。这就需要我们从总体上考察评价指标体系,以确定它是否适用于我们的评价对象。

5.可测性原则

通过对评价对象进行分层分解,可使其具体化、行为化,操作性增强。指标是目标具体化、行为化的表现形式,应当具备可测量性,这也是指标体系化的客观需要。该指标必须尽可能地用可操作的语言来描述,并且可以通过观测和测量获得清晰的结果,以便在综合分析后得出评价结论。然而,由于教育现象的复杂性,人们对其的理解存在着一定的限制。如果一味地追求可测量性,一味地追求定量,则会丧失评价的效果。所以,可测性原则,就是要尽量把指标定量化,或者尽量找出定量的方法,特别是终结性的评价,目的在于鉴别和比较。

知识链接

(三)体育教师课堂管理评价指标体系的结构

体育教师课堂管理评价指标体系是对体育教学质量要求的具体规定,它是整个教学评价工作的基础和依据。体育教师课堂管理评价指标体系包括要素结构、执行标准和量化方法三个部分。根据体育教学评价应遵循的发展性原则、科学性原则、客观性原则、全面性原则、一致性原则、可行性原则等,我们拟订了供参考用的体育教师课堂管理评价指标体系细则(表6-1)。

表6-1 体育教师课堂管理评价指标体系细则

一级指标	二级指标		三级指标
	因素	权重	
体育教师课堂管理评价	教学准备	0.1	1.课堂教学任务全面、具体,重点突出,切合实际,内容及目标明确 2.教材内容符合大纲要求,进度安排适当 3.教材符合学生年龄及身体特点,搭配合理,难易适度 4.场地与器材布局合理,安全卫生,整齐美观
	教学组织	0.2	1.课堂组织严密紧凑,能有效、充分地运用场地和时间,教学节奏合理 2.教态自然,精神饱满,能充分展现体育精神 3.组织教学,使用创新性教学方法和手段 4.注意培养学生的兴趣和爱好,课堂气氛生动活泼,体现体育课堂的特点
	教学方法	0.25	1.能够体现教师的主导作用与学生的主体地位,有利于指导学生学习 2.讲解简明、准确、生动,示范动作正确优美,语气恰当,声音洪亮,并对学生进行正确的保护和帮助 3.教学步骤清晰,教法措施有效,能贯彻启发式教学 4.教学方法的运用能突出重点、难点
	思想教育	0.2	1.能结合体育课的任务、教材特点和学生实际进行教学活动,寓教育于整个教学过程中 2.注意发展学生的个性 3.学生学习态度、组织纪律、意志品质等各方面表现良好 4.学生团结协作,有良好的进取精神,精神饱满

一级指标	二级指标		三级指标
	因素	权重	
体育教师课堂管理评价	教学效果	0.25	1.学生掌握了本节课的教学内容及锻炼身体的方法 2.课堂上,学生的生理负荷适宜,课堂练习密度合理,练习强度符合学生实际 3.发展身体的任务完成良好,学生运动能力强,能定时、定量完成要求 4.课堂上能重视学生智力的发展、能力的发展、情感的培养,并能取得较好的效果

　　体育教师课堂管理评价指标体系的执行标准有多种方法与形式。利用评价指标体系中的三级指标作为执行细则,将评价对象指标全部达成作为高标准强度,然后依次递减,所采用的评价等级为好、较好、一般、较差、差,对应得分为100、80、60、40、20,其执行标准见表6-2。

表6-2　评价等级标准

因素	等级				
	好(100分)	较好(80分)	一般(60分)	较差(40分)	差(20分)
教学准备	符合各项标准且有所强化或发展	基本符合三级指标中的4条	符合三级指标中的3条	符合三级指标中的2条	符合三级指标中的1条
教学组织					
教学方法					
思想教育					
教学效果					

三、体育教师课堂管理评价指标体系的内容

体育教师课堂管理评价是对体育教师的课堂教学过程与教学效果进行的评价。在课堂教学评价中,一方面要对整个课堂教学过程进行评价;另一方面更要注重对课堂教学活动的有效性,即课堂教学活动对实现体育教学目标的有效程度进行评价。

(一)体育教师课堂管理的评价内容

笔者主要从以下几个方面对体育教师课堂管理的评价内容进行论述。

其一,体育课堂教学思想评价,指体育教师在课堂教学过程中能否坚持教书育人的原则,是否具有改革创新的精神,是否坚持"健康第一"和"终身体育"的指导思想,能否促进学生的全面发展。

其二,贯彻体育课程标准的评价,包括课堂教学是否符合体育课程标准的要求,是否紧紧围绕学习目标进行,是否完成了体育课程标准所规定的教学任务和学习内容等。

其三,教学内容的评价,包括教学内容是否紧扣学习目标进行安排,是否达到科学性和思想性的统一,是否将思想品德教育寓于其中,教师是否科学地安排运动负荷,教学组织是否合理。

其四,教学方法和手段的评价,包括教师能否依据体育教学的具体任务和内容特点,有针对性地选择教学方法;教师选择的教学方法是否符合学生的身心特点,是否有利于激发学生的学习动机和培养学生的学习兴趣,是否具有启发性,是否有利于培养学生的独立思考、分析问题、解决问题的能力和创新精神;教学手段的运用是否增强了教学的直观性,是否有助于提高学生的学习效率。

其五,教学技能的评价,包括讲解是否规范、准确、简洁,术语和口诀的运用是否正确,示范动作是否准确优美;教师是否能沉着、冷静、机智地处理课堂突发事件,使教学顺利进行。

其六,教学效果的评价,包括教师是否很好地完成了教学任务;学生是否

完成了学习目标,掌握了教学内容;是否充分激发了学生的学习积极性和主动性;是否培养了学生勇敢、顽强、竞争、合作的心理品质;是否激发和保持了学生的运动兴趣,促进了学生体育锻炼习惯的养成。

(二)体育教师课堂管理评价指标体系的组成

1.体能的评价

发展体能是体育与健康课程规定的重要目标,同样也是体育与健康课程的重要学习内容。学校体育贯彻"健康第一"和"终身体育"的指导思想,将发展体能作为学生学习评价的重要内容之一。当前的体能评定与以往的体育课中的身体素质与运动能力的考核有较大差异。当前的体能评定更加注重与健康有关的体能评价,如对心肺耐力、柔韧性、肌肉力量、肌肉耐力、身体成分等的评价。不同学段学生的体能评价可根据各水平的体能发展目标与内容框架来选择合适的体能项目进行评定,同时,也可以参照《国家学生体质健康标准》,结合学生的个体基础与进步幅度进行体能评定。

2.知识技能的评价

由于不同水平阶段学生的特点不同,体育与健康知识及技能学习成绩的评定内容也略有差异。对学生的评定主要包括:对体育与健康的认识,对体育与健康对人、社会的价值的认识,如身体锻炼对健康的影响等;掌握体育与健康的相关知识并运用于实践的情况,如青春期的科学锻炼方法、营养与健康的关系、从事体育活动时的营养卫生常识等;掌握符合学习目标要求的运动技能并运用于实践的情况。

3.学习态度的评价

从"终身体育"的观点来看,体育教学的一个重要目的是培养学生正确的体育观念和体育态度。因此,在体育教学中,学生对学习和训练的态度应该成为评价体育教学效果的一个重要方面。比如,对中学生的体育学习态度进行评价,其内容有:①是否积极主动、自觉地参加体育活动;②是否能够在运动中做到完全投入;③是否能够积极思考,不断地进行训练以达成目标;④是否能够认真地听从教师的教导。

4.情意表现与合作精神的评价

在高校体育与健康教育中,加强大学生的心理素质和社会适应性是其主要目的。在体育健身课程中,大学生的心理健康主要体现在:是否能够克服胆怯、自卑,信心十足地进行学习和实践;是否敢于、善于克服各种主观和客观的困难和障碍,挑战自己,战胜自己,坚持不断学习和实践;能否熟练地利用运动来调节自己的情绪等。在体育与卫生课程中,学生的社交适应性主要体现在对教师、同学的理解和尊重上,以及在学习中具有较强的协作精神和良好的人际关系、在团体活动中积极承担起自己的职责。

由于体育课教学是体育教学的基本形式,也是体育教学评价的重点,因此这里着重介绍体育课教学评价的方法。体育课教学评价最主要的是要制定出科学的评价指标体系,即从体育教学系统结构的整体出发,从构成体育教学过程的各个要素及其联系入手,对体育教学质量进行综合评价。因此,建立体育教学评价指标体系是一项重要的基础工作。对于如何确定一个较科学的体育教学评价指标体系,学术界并未取得一致的意见。下面列举体育教学质量评价的不同指标体系进行分析(表6-3、表6-4和表6-5)。

表6-3 分析和评价体育课的内容[①]

类别	分析和评价体育课的主要内容
课前准备工作	1.编写教案的质量(包括课前了解学生情况、组织教法等) 2.课前场地器材准备和布置情况及安全措施
思想教育工作	1.学生学习的自觉性和组织纪律性如何 2.本课思想教育任务是否符合教材和学生实际情况,并严格要求,讲究实效 3.教师是否善于抓住偶发事件和思想苗头(好的、坏的)及时进行思想教育 4.教师是否以身作则,言传身教,仪表、教态、作风如何,师生关系如何

---

① 张成波.学校体育教学实践与管理[M].北京:台海出版社,2014:35.

类别	分析和评价体育课的主要内容
增强学生体质的效果	1.本课练习内容对学生身体的影响如何(可从教育观察、练习数量和密度、平均心率、心率指数及课后恢复等方面去分析) 2.课的结构如何,运动量安排是否符合人体机能活动规律并有利于增强学生体质 3.是否符合锻炼学生身体、增强体质方面的要求
掌握体育知识、技术、技能情况	1.教学任务完成情况 2.学生掌握体育知识、技术、技能的程度
3 课的组织教法	1.课堂常规执行情况 2.组织教法是否符合课程的任务、内容和特点 3.教学原则和教法运用情况 4.场地器材使用、安排得是否合理 5.课的组织是否紧凑,能否充分利用课程时间
教师的主导作用	1.课上是否既全面照顾又注意个别对待 2.教师的指导能力、教学技巧如何,能否及时发现问题、解决问题
总评价	围绕课的任务进行全面评价,指出本课任务完成情况、本课优缺点,并提出今后的改进意见

表6-4 体育教师课堂管理评价因素及具体内容方案[①]

顺序	评价因素	具体内容
1	教学态度	1.教学计划是否合理,计划进度与教案是否统一,教案字迹是否工整、清楚 2.任务制定与教学目标的提出是否全面、具体、准确 3.课前场地、器材准备和布置情况,以及采取的安全措施如何
2	教学水平	1.教师主导作用与调动学生积极性的情况 (1)教态是否自然、端庄、大方、精神饱满 (2)在教师的指导下,学生上课的积极性如何,师生能否保持密切的联系 (3)教师对学生的要求能否切合实际,能否灵活地控制与管理全局 2.教法运用的能力 (1)各种教学方法的选择是否符合课程任务、内容与学生的特点 (2)教学步骤、教学手段运用是否合理 (3)教学步骤、教学手段运用是否突出重点、难点 3.组织教学能力 (1)课堂常规贯彻得如何 (2)课的组织是否严密,能否有效、充分地利用时间 (3)队伍的调动,场地、器材的安排与运用是否合理
3	教学效果	1.锻炼身体的效果 (1)课上的运动负荷和练习密度控制与调节得如何 (2)教材的选择与搭配是否有利于全面锻炼身体 (3)课上是否注意发展学生的身体素质和运动能力 2.掌握三基的情况 (1)学生掌握知识、技术、技能的情况如何 (2)教师是否重视学生智力的培养、能力的发展、情感的陶冶 3.教育效果 (1)能否结合教材的特点和学生的实际加强对学生的思想品德教育 (2)思想品德教育是否有计划、有要求、有措施、有效果 (3)学生的组织纪律和自我教育能力如何

---

① 于长镇.体育教学论[M].大连:大连海运学院出版社,1991:317.

顺序	评价因素	具体内容
4	总评价	围绕课的任务、课的教学目标的完成与达成度进行全面评价。从教学态度、教学水平、教学效果三大方面的主要优缺点进行分析,并提出改进性的建议

表6-5　体育课教学质量评价指标体系与分值表　　　单位:分

评价标准体系			分值	得分
教师教学能力(35分)	教案(8分)	任务明确	3	
		步骤清楚	2	
		重点突出	2	
		场地、教具布置合理	1	
	教法(9分)	讲解简明,术语正确	2	
		示范正确,方位恰当	2	
		手段有效,及时反馈	3	
		循序渐进,区别对待	2	
	组织(6分)	严密紧凑,灵活多样	3	
		控制全局,能放能收	3	
	指导(6分)	保护和帮助得当	3	
		纠正错误及时	3	
	教育(6分)	和蔼亲切,以身作则	3	
		启发诱导,善于处理问题	3	
学生心理(15分)	态度(3分)	主动学习,自觉锻炼	3	
	纪律(3分)	遵守纪律,听从指挥	3	
	意志(3分)	有进取心,能克服困难	3	
	情绪(3分)	欢快活跃	3	
	关系(3分)	师生关系融洽,同学间团结互助	3	

评价标准体系			分值	得分
锻炼身体效果（30分）	生理负荷（16分）	平均心率120~140次/分	16	
		平均心率125~150次/分	12	
		平均心率120~130次/分	8	
		平均心率115次/分以下	4	
	全课练习密度（14分）	35%	14	
		30%	12	
		25%	8	
		20%以下	4	
掌握三基程度（20分）	基本技术合格率（15分）	新授教材　复习教材		
		60%　　　　70%	15	
		50%　　　　60%	12	
		40%　　　　50%	9	
		30%　　　　40%	6	
	基本知识合格率（5分）	100%	5	
		80%	4	
		60%	3	
		40%	2	

四、体育教师课堂管理的评价量表和标准

　　体育教师课堂管理的评价量表和标准是构成课堂评价活动的要素之一。课堂管理评价指标体系的建立,确定了评价对象目标及其具体内容。而评价活动的任务是对评价对象在事实描述的基础上做出价值判断,即确定其价值高低或优劣。而价值判断的依据是主体的需要和尺度,它具体体现在体育教师课堂管理的评价量表和标准上。因此,没有体育教师课堂管理的评价量表和标准,就无法进行价值判断和确定评价对象的水平。

(一)体育教师课堂管理的评价量表

在体育教师课堂管理中,通过制定体育课质量综合评价表,我们可以对体育教师的教学质量进行评价、监督,使教学质量达到预期目的。体育课质量评价的内容可分为三大类,具体又分为12项;评价标准分为优、良、中、差、劣五个等级(表6-6)。

表6-6　体育课质量综合评价表　　　　　　　　单位:分

类别	考核内容	等级					得分
		优	良	中	差	劣	
课程准备	课前准备	5	4	3	2	1	
	教案质量	10	8	6	4	2	
课程过程	教学态度	5	4	3	2	1	
	教学组织	10	8	6	4	2	
	教学方法	12	9.6	7.2	4.8	2.4	
	改革创新	4	3.2	2.4	1.6	0.8	
	练习密度	10	8	6	4	2	
	生理负荷	8	6.4	4.8	3.2	1.6	
	心理负荷	6	4.8	3.6	2.4	1.2	
课程效果	教养效果	12	9.6	7.2	4.8	2.4	
	锻炼效果	10	8	6	4	2	
	教育效果	8	6.4	4.8	3.2	1.6	

(二)体育教师课堂管理的评价标准

1.制定体育教师课堂管理评价标准的依据

体育教师课堂管理评价指标的制定是一项比较复杂的工作。首先要做的就是确定我国现行法律法规的基本原则。课堂管理评价指标的制定一般有以下几个基本原则。一要充分考虑到我国的经济、社会发展对体育教育的需求,具体表现为《体育与健康课程标准》中关于人才的标准、体育教学的相关规定。

二要立足于相关教育学科的知识。只有正确把握教学本质、教学原则、教学规律、教学方法等理论,遵循教学发展规律、学生的心理活动规律,才能形成科学的教学评价标准,并对教学实践起到一定的指导作用。三要立足于评价对象的现实,做到客观、全面地考虑评价对象的状况和水平,从而使评价对象在规范的指导和激励下,整体上向目标发展,推动评价对象整体水平的提升。四要与评价对象的现实需求相一致。

2.制定体育教师课堂管理评价标准的原则

课堂管理评价标准的制定,首先必须在一定的原则指导下进行,以确保评价标准的科学性、客观性、有效性和可操作性。

科学原则。首先,要对评价的内容、本质进行科学的揭示,使其与教学目的、评价目的相适应。其次,要体现教学发展的时代性,与素质教育的质量相适应。再次,课堂教学评价的标准要体现评价对象自身的发展规律;要按照不同年龄段学生的身体和心理发展规律,制定相应的评价指标;依据教学规律,制定教师的教学评价指标。最后,在衡量标准时,要有一种科学的、实事求是的态度,并适当地兼顾各指标的权重。

可持续发展的原则。建立的评价标准应尽量做到简洁、易懂、易于操作,以便评价双方理解、接受。此外,评价标准必须客观、准确、严谨,与教学实践相适应。教学评价的分级不能太细致,否则会给教学评价带来困难,从而影响教学评价的可操作性。

协调原则。首先,建立一套完整的教学评价体系,系统结构要合理,分层完整,各个层面之间相互关联。教学评价的完整性、层次性和相关性,要求教学评价指标之间要有内在的逻辑一致性;其次,教学评价的标准要做到内容与形式上的统一;再次,评价标准的前后要统一,避免矛盾和脱节;最后,评价指标的档次、间隔要协调,避免重复、不均匀。

3.体育教师课堂管理评价标准的结构

素质标准是从衡量一个人在履行各种责任、完成某一工作时所必须具有的能力的角度出发而提出的。体育教师必须具有以下几个方面的特性:热爱运动,具有较强的责任心,能做到良好的教学表率和行为表率;具有科学的世界观,具有崇高的品德;具有较为丰富的体育专业知识,了解教育与教学的规律,具有较好的教学方法和技巧,较高的教学质量。

效率标准。绩效指标分为效果指标和效率指标。效果标准是指能够保障和推动当前学校体育教学任务、培养目标和教学计划的教学目标的构建。体育教师课堂管理教学成效的评价指标有三个:一是基本的体育知识、技能和基本技能的掌握;二是能力发展的标准,是指在体育教学中,要重视培养学生的智力、个性、参与体育活动的能力和习惯;三是思想道德教育的标准,也就是把思想道德教育融入体育教学中。效率标准通常以投入与产出的比率为衡量指标。体育教学评价主要考察在一定的时期内,教师是否能够按照教学大纲的要求来完成教学工作,学生的思想、体育知识、技术、技能和身体素质是否能够达到预期的程度。效果标准和效率标准的不同之处是:效果标准是对目标的检验和判断,不计人力、物力、时间的消耗;效率标准是将人力、物力和时间的消耗同结果相结合。

职责标准。职责标准又称过程标准、状态标准,它是以评价对象的责任和工作为依据的评价标准。在对体育教师的教学工作进行评价时,首先应从对教材的研究、学生的认识、教案的编写、场地设备的布置等方面进行考察;其次要注重教学质量,即教学内容是否科学,目标是否明确,重点是否突出,教学方法和手段是否有效,语言表达是否清楚,示范动作是否规范。最后要注意的是,在体育教学中要真正落实体育教学的理念,提高教学的效率,提高教学效果。

体育教学是一个复杂的过程。素质标准是影响体育教学质量的关键因素,职责标准旨在促进体育教学活动的优化,效率标准体现了素质标准与责任规范的功能。三个方面都具有独立和统一的特点,尤其是效率标准。

4.体育教师课堂管理评价标准的类型

根据评价标准的本质,可将其划分为相对标准与绝对标准、主观标准与客观标准。第一组是相对的和绝对的。相对标准是指依据评价目标的属性、层次等可调节的指标。比较准则是基于评价对象的总体水平而建立的,通过评价的结果可以反映出评价对象在团体中的地位。比如,选拔性考试的分数线、年终评选先进的分数线等,都是相对的。绝对标准是以教育活动的目的、要求为依据而制定的评价准则,并不因受评团体的总体水平的变化而改变,而仅因教育目的、要求的改变而改变。根据这一准则所确定的评价结果,能够反映出评价对象是否达到了预期目的。其中,以《国家学生体质健康标准(2014年修订)》为代表。第二组是主观、客观的尺度。主观标准是由准则制定者根据自己对评价的内容和评价对象的了解,以及自己的经验来确定的。它客观地反映了评价对象的预期。在制定评价标准时,必须经过集体讨论、反复论证、试评、修订等,才能最终确定评价标准。客观标准是依据目标的主要行为特点或目标发展的客观需要而制定的。该标准在很大程度上与个人的经验判断无关,具有很高的客观性。在教育考试中,在100分满分的情况下,60分常常为合格分,这是一种客观的、绝对的标准。

根据评价准则的表现形式,可将其划分为量与质两类。量化标准是以满足指标系统项目要求的数目或不同的标准化行为的相关数值来表示的,也就是以分数或百分比等数值来表示的标准。《国家学生体质健康标准(2014年修订)》规定,大学生一分钟仰卧起坐,46~51分为优秀,26~44分为优良,24分为合格,23分为不合格。量化指标可以使评价结果更加准确、客观。质的标准是以指标系统中的各项规定的水平或不同的规范行为的好坏来表示的,通常用文字或符号表示。如在教学评价中,经常使用某些固定的评语来形容评价对象水平的高低,以及哪些方面是好的或者还有不足之处。

课题探究

课题之一

探究题目:根据你的理解,设计一种以体育教师课堂管理评价为主的指标体系。

探究建议:设计体育教师课堂管理评价的指标时可以参照教学大纲的要求设计相关的维度。

课题之二

探究题目:从体育教师课堂教学效果评价的角度出发,探讨和评价对体育教学思想的培养。

探究建议:探讨之前评价功能及其相关的内容,全面收集有效资料,特别是对评价对象和评价主体的心理影响。

学导提示：

> 能力养成不可能一蹴而就，这不是一朝一夕的事情，而是一个漫长的、由诸多因素影响和决定的过程。体育教师课堂管理能力的培养和提高也是由诸多因素组成的系统，因而要培养和不断提高这一能力，必然要求实现系统要素组成的优化组合。加强体育教师课堂管理的师资构建、营造和谐工作环境、树立教师服务意识、建立完善激励机制、实施人文关怀，是培养和提高体育教师课堂管理能力的有效途径。

第七章

体育教师课堂管理能力的培养与提高

第一节　加强体育教师课堂管理的师资构建

体育教师是学校人力资源的主体之一，也是学校人力资源中资本价值的重要组成部分。当前，我国体育教师队伍中存在缺乏系统教育理论知识、教学管理不到位等问题。体育教师课堂管理需要专业知识和技能的全面支持，因此加强体育教师在课堂管理方面的师资队伍建设十分关键。体育教师队伍的建设和师资的完善，关系到学校体育教育教学工作能否顺利开展，关系到学校素质教育能否深化和发展，关系到学校教育目标能否顺利实现。要进一步培养和提高体育教师的课堂管理能力，就要从根本上解决体育教师队伍的师资问题，为他们提供针对性的培训和职业成长机会，帮助他们树立正确的教育理念，同时完善师资结构，建构新型的体育教师队伍。

一、加强理论学习

学校教育、教学的对象是学生,学生是一个处在不断变化和发展的过程中的个体。体育教学中学生会出现各种各样的问题,已有的课堂管理模式、手段、经验并不能完全满足实际教学管理的需要。只有拥有丰富的理论知识,才能更好地指导教育教学实践工作。体育教师作为课堂的直接管理者,必须增强与时俱进的学习意识,需要利用业余时间经常性地学习一些与管理相关的知识,例如上网查一些管理方面的资料及前辈们的管理心得;了解教育前沿的思想、理念等;认真学习管理学知识,掌握管理学的一般理论和特殊规律;认真研究、理解和把握教学目标,把学习摆在重要地位,把学习当作一种责任、一种素质、一种觉悟、一种修养。因为,学习是提高教师知识水平、理论素养的途径,所以教师只有不断地学习和更新知识,不断地提高自身素质,才能适应不断变化的实际教学工作的需要,正确处理千变万化的课堂问题行为。

学习的方式多种多样,不仅可以从实践中学习,而且可以从书本上学习,还可以从自己和他人的经验教训中学习。在学习时,要尽量选择具有代表性、针对性的知识;同时,要学会"移花接木",善于把其他学科的思维方式、管理手段、管理方法等融合在自己的学科中,但一定要注意与实际结合,不能囫囵吞枣,盲目照搬,生搬硬套,要在实践中不断发现问题、解决问题、总结经验、丰富自身课堂管理方面的知识,实现理论与实践的有机结合,通过不断地学习,不断地进行实践积累,从而提高自身的管理能力。

二、树立创新意识

2019年2月,国务院印发的《中国教育现代化2035》,从战略与全局的高度提出了新时代面向教育现代化、建设教育强国的重大部署,明确将"建设高素质专业化创新型教师队伍"作为教育现代化的十大战略任务之一。创新是一个民族的灵魂,也是教师素质能力的核心。一个优秀的教育家,他应该是一个不断探索、不断创新的人。其实教师和教育家的距离并不遥远,关键是看其是否具有创新意识和追求精神。在如今这个知识更新速度不断加快的社会中,如果教师没有创新意识,以及一种对创新的坚持不懈的追求精神,那么,他们培养出来的学生很可能也只会是一个只知道接受知识、没有生机和活力的"书呆子"。这些没有活力和创新能力的学生,怎么能肩负起建设国家的重任? 没有生机活力与创新精神的民族,它的未来是让人担忧的。对体育教师课堂管理来说,就是要不断地创新课堂管理模式、教学方法、教学手段,营造良好的课堂氛围,激发学生学习的积极性,增强学生体质,从而更好地为现代化建设服务。体育教师课堂管理不仅仅是简单、重复的行为,也是一门艺术,一门具有创造性的艺术。体育教师所管理、教育的对象是一个个鲜活的人,而人是发展的、变化的、有差异的。因此,倘若体育教师一味因循守旧,按部就班,只有千篇一律的课堂管理模式,如何能提高课堂管理的效率,激起学生的学习热情,从而达到体育教学的根本目的呢? 这样的教学如何培养学生的创新能力呢? 所以,体育教师只有在遵循管理学规律、教育学规律和学生特点的基础上,创造性地进行课堂管理,不断探索新方法、找出新程序,不断提高管理质量,才能不断激发学生对体育学习的兴趣,引导学生积极思考,去学习和掌握体育技术、技能、知识,进而迅速、高效地向学生传递信息,提高教学质量和教学效果。

三、培养良好的执行能力

"万事俱备,只欠东风。"理论的东西具备了,那么该有什么样的"东风"来"吹"呢? 接下来就是运用的问题了,也就是所谓执行能力的问题了。如果不能灵活地运用理论知识,就等同于"纸上谈兵",就不能很好地指导实践。执行能力是管理者应该具备的最基本条件,一位出色的管理者应该是一位拥有良好执行能力的操作者。体育教师的执行能力,最基本的就是严格按照学校既定的各项工作目标与规章制度,按时完成体育教育教学工作,认真履行学校赋予的职责。此外,体育教师的执行能力还体现在完成课堂管理目标的程度上,体育教师必须认真执行学校的既定方针,使目标清晰,落到实处。

那么,体育教师该如何培养以及提高自身的执行能力呢? 体育教师的个人素质以及思维方式,对其执行能力会产生决定性的影响。虽然体育教师的执行能力在实施课堂管理中具有重要意义,但是体育教师在培养以及提高执行能力的过程中,也不能急于求成。因为,能力不是一朝一夕就能养成的。能力的养成和提高主要还是靠平时经验的积累。因此,体育教师除了要集思广益、博采众长之外,还应不断地总结、反思。体育教师对整个课堂管理过程进行规划设计时,不能停留在表面的工作上,工作中必须有计划、有总结,这样才能保证执行的效果。并且在执行过程中,体育教师绝不能敷衍了事,这样只会影响课堂管理的质量。

四、培养勤于思考的习惯

"不谋万世者,不足谋一时;不谋全局者,不足谋一域。"这就要求体育教师必须培养勤于思考的习惯,要以宽广的眼界去思考、去观察,从事物的不断变化中掌握事物发展的内在规律,提高思考的能力,以及发现问题的敏锐性,提高协调和处理各种矛盾的能力,真正做到在全局观察中处理问题,在处理复杂问题时把握好"度"。同样的问题,处理的方式方法不同,取得的效果也会截然不同。作为体育教师,我们如果只埋头于课堂教育教学工作,对课堂管理的问题不进行思考,是很难做好课堂管理工作的。因此,这就需要体育教师在遇到问题时,特别是在学生出现问题行为时,不要急于处理,要勤于思考,对问题进行分析,灵活运用理论知识,以最佳的方法去处理。同时,在日常工作中要注意培养观察问题和发现问题的能力,抓住课堂管理工作的重点和难点,从中掌握问题的主要矛盾,并且给予及时的处理。

五、进行专题培训

课堂管理师资培训,是培养和提高体育教师课堂管理能力的有效途径之一。教师课堂管理能力的培训可以与教师培训结合起来,分为职前、职中和职后培训三个阶段。在职前培训阶段要注意理论知识的学习,可以聘请相关领域的专家进行理论授课,主要介绍一些课堂管理的理论流派及方法、社会学心理学、管理学方面的知识,为教师课堂管理打下坚实的理论基础,同时也为教师以后的管理实践和创新做好铺垫。在职中培训阶段应该把理论与实践相结合,教授教师如何在实践中运用相应理论的管理模式和管理方法,结合一些成功的课堂管理案例,为教师进行深入的分析,让教师借鉴和参考。在职后培训阶段要注意教师课堂管理创新能力的培养,不要把他们的思维禁锢在已有的理论模式里,应该让他们学会跳出思维定式,尝试一些新的有效的管理方式和方法。这样系统、科学、理论与实践有机结合的培训,可以帮助教师在实施课堂管理时,对各类问题的管理达到"既治标,也治本"的效果。

知识链接

第二节 大力营造和谐的工作环境

学校工作环境是影响教师有效课堂管理的主要因素之一。学校的工作环境、结构、决策、评价以及学校对教师的支持程度等因素都会对教师的课堂管理产生一定的影响。和谐的学校工作环境能够提升教师教学效果,激发教师的工作热情以及学生的学习积极性,增加教师的职业满足感,并对学校未来的发展产生积极影响。在体育教学过程中,体育教师的工作环境非常关键,对体育教师和学生的个人成长和能力发展有着直接的影响。因此,要提高体育教师的课堂管理能力,需要营造一个和谐的工作环境。

一、实行民主管理,营造良好的民主氛围

民主管理是现代企业管理的重要模式,它是企业为了发展,让职工以特定方式和渠道参与企业的管理,充分发挥职工的积极性和创造性,把企业发展和企业职工发展统一起来的管理模式。把民主管理引入学校管理中来,就是要求学校在管理中拓宽教师参与学校管理的渠道,充分发挥全体教职员工的积极性和创造性,实行制度化、人性化管理。实行民主管理,营造良好的民主氛围,对体育教师的成长来说具有重要意义。

民主管理的一个重要表现是制度化管理。只有形成一整套完善的制度,才能避免学校领导在管理中的随意性,从而防止因领导的个性倾向和个人利益而出现学校管理的缺失。如果在学校管理中没有民主和制度可言,学校的

决策依领导的个人意愿而定,对教师的评价依领导的个人喜好和亲疏关系而定,那么这样的学校环境与体育教师的预期就是背道而驰的,难以对体育教师的成长产生积极作用。

此外,实行民主管理有助于体育教师产生追求进步的强大内驱力。唯物辩证法认为,在影响事物发展的众多因素中,外因是条件,内因是根本。但是,内因必须要通过外因才能起作用。因此,要使体育教师尽快成长起来,不断提高课堂管理能力、教育教学能力,关键还在于体育教师自身积极主动的努力和追求。实行民主管理,营造良好的民主氛围,能使他们认识到自己不仅是学校的一员,更是学校的主人,从而对学校的发展和前景产生一种强烈的责任感和使命感。这种强烈的责任感和使命感会使体育教师产生追求进步的强大内驱力,促进他们积极主动地研究教育教学,研究课堂管理的相关策略和方法。

二、以人为本,尊重体育教师的合理需求

我们不能否认,在现实中体育教师的地位是比较尴尬的。尊重体育教师可以为他们的成长营造一种和谐的环境,在这样的环境中,他们会有一种归属感,找到自己人生的舞台。尊重体育教师不是一句空话,尊重体育教师的合理需求是尊重他们的具体表现。例如,尊重体育教师民主平等的需求,尊重他们生存的需求,尊重他们情感的需求,只有这样才能促使体育教师以积极的情感体验和健康的人格、情绪投入工作,也才能激发他们的潜能。人都是有尊严的,一个人只有在被尊重、其需求不断得到满足的环境中,才会觉得自己是有意义的,也才能在这样的环境中保持心情舒畅,努力工作。学校只有尊重体育教师,尽可能地满足他们的合理需求,营造一种人人受到尊重的氛围,才能使体育教师安心在这样的学校工作,不断努力,尽快成长。

三、制定科学的评价体系,促进体育教师的职业发展

体育教师评价就是根据一定标准和教师的实际状况,确立指标体系,运用测量和统计分析等方法,对其各方面进行综合评判的过程。通常,对人或事物的评价有两种表现形式,即肯定性评价和否定性评价。其中,否定性评价主要

是一种诊断性评价,旨在发现评价对象的不足之处,促使其不断改进、提高和完善。肯定性评价是一种激励性评价,旨在对评价对象给予褒奖和肯定,使其产生一种成就感,不断激发其工作热情,使其充分展现自己的能力。正确评价体育教师的工作和表现是促进他们成长的重要环节。因此,要实现通过评价来促进体育教师成长的目的,就要发挥评价在体育教师成长过程中的积极作用。对体育教师的评价需要特别慎重,不能简单定性,要制定符合实际的科学的评价体系。

教师评价的模式多种多样,不同地区、不同学校有各自的特殊情况,所以体育教师评价要采用多元评价的方式。首先,应该坚持奖惩结合的原则。目前,有很多学校对体育教师的评价存在这样的现象,即无论体育教师的工作成绩怎样,对他们的工资、待遇都没有直接影响,也就是说干好干坏都一样。这样如何能激发他们工作的积极性呢?因此,在评价中奖惩结合就显得非常重要。其次,实现评价动态性和全面性有机结合。教师的能力和素质都是一个动态发展的过程,体育教师的工作本身也是一个动态发展的过程。因此,在对体育教师进行评价时不宜以某个静止的点来评价,不能孤立地只看体育教师工作的结果,而要把教学成绩评价、思想道德、心理健康和社会交往行为等都纳入评价范围中,实现从注重结果的评价转向注重过程的评价。最后,实现评价主体多元化。在传统的体育教师评价模式中,学校领导(管理者)几乎是唯一的评价主体。这种模式不仅存在片面性,而且在一定程度上形成了评价者和评价对象的对立。科学的评价模式应该实现评价主体的多元化,除了学校领导(管理者),还应该让教师本人、其他同事、学生,甚至学生家长都参与评价,这样才能实现评价的全面性,促进其工作的改进。

第三节 树立教师的服务意识

随着社会的不断进步,教育事业对教师素质的要求越来越高,体育教师的服务态度逐渐受到了更多的关注。体育教师的职责不只是教授知识,更重要的是为学生的全方位成长提供鲜活的经验和灵感,为体育事业的可持续发展贡献力量。培养体育教师的服务意识,对于提升体育教学质量和推动学生全面发展是十分重要的。教育需要树立一种服务意识,课堂管理也不例外。体育教师在建构、培养、提高自己的课堂管理能力之前,首先就要将自己的教学、课堂管理定位于"为学生全面发展服务"的理念上,从学生发展的需要出发,从学生的实际情况出发,以服务的本质来建立、运用、发展自己的管理才能,树立服务的意识。

一、树立教师的服务意识的积极意义

(一)有利于弥补传统课堂管理过程中的缺陷

传统课堂管理的最大特点就是强制性,呈现的是教师"冷、横、硬"的服务态度,忽略了学生是有个性、有思想的个体。如果学生对体育教师的管理提出异议,体育教师往往会采用一味压制、一味封堵的方法来管理他们,这样的管理会不断引起学生的逆反心理,反而给课堂管理工作带来不便。如果体育教师在实施课堂管理时树立一种服务意识,细心研究学生的身心特点,对他们采取"引导式服务、启发式教育、建议式批评"的管理方法,让管理贴近实际、贴近生活、贴近学生,让管理成为对学生的温暖的人文关怀,就可以缓和教师与学生之间的关系,营造一种轻松、和谐的课堂气氛,拉近教师和学生的距离。在这种情况下,即使有些问题不能得到及时的解决,教师也能获得学生的谅解、赢得学生的尊重,避免在课堂管理、教学中产生不必要的矛盾,从而实现在微笑、快乐中提高课堂管理质量、提高教育质量的目标。

(二)有利于促进教师尊重学生意识的养成

在市场经济社会中,我们力求向消费者提供优良的产品和周到的服务,强调尊重消费者的利益和要求,并将消费者置于整个管理体系中最重要的位置上,提出"顾客就是上帝"的服务理念。把这种服务理念借鉴到学校教育中,教育就被看作是一种服务行业,是一种创造性的劳动与服务。学生是教育行业最主要的"服务对象""消费者"。学校的各项工作就构成了服务链,主要由教师将优质的教育服务提供给学生,把"教育的对象"变成"服务的对象"。在服务行业,顾客至上。在教育行业,尊重"消费者"就是尊重学生,尊重学生的教育消费,尊重学生的实际需要。学生是教育消费的主体,他们的消费在一定程度上决定了教育事业的发展速度与规模。尊重学生是"以人为本"教育理念的体现,也是每一位体育教师应该遵守和强化的教育观念。所以,服务意识的树立有利于体育教师从控制学生转向尊重学生、引导学生,与学生合作,融入学生群体。有利于体育教师创造宽松的体育课堂教育环境,使学生能够自由、平等地与教师交流、探讨,敢于诚实地表达自己的思想,发展自己的思维空间,充分展示个性,发挥自己的创造力。同时,也有利于体育教师鼓励、保护和引导学生激发其学习体育的积极性、主动性,营造探究式教学的氛围。

二、树立教师的服务意识的途径

(一)重新审视教师职业特性,树立现代教育观

如今,在市场经济条件下,教师不但是一名普通的从业人员,也是一名教育服务者。现代教育观不同于以教师为主体、重继承轻创造、重灌输轻思辨、重认同轻质疑的"填鸭式"传统教育观。现代教育观强调服务育人,并对教师提出了更高的要求。而新课改、新形势又给体育教师带来了前所未有的学习机遇和挑战。与商业服务不同的是,体育教师服务的对象是学生。如何为教学、为学生服务,让学校、体育课堂成为学生成长的精神家园,体育教师服务观念的转变是关键。任何一次教育改革都必须以"理念"更新为前提。体育教师与学生朝夕相处,心理相融,是学生健康成长的导师之一。他们的服务态度、服务质量皆是影响学生人生发展的因素之一。因此,在体育专业化发展的道路上,每一位体育教师首先需要重新审视教师职业的特性,树立现代教育观,同时,加强自身的服务修养,树立并提高自己的服务意识,树立以学生为本的服务观。只有把满足学生成才需求、全面提高学生的综合素质作为服务的目标与教育理念,我们的教育才能有所发展,才会有所期待,才会有所价值。

(二)树立课堂管理中正确的服务意识

管理与服务同是体育课堂教学有效开展的方式,尽管二者无法完全割裂,但其不同的定位直接影响着体育教师的工作态度和行为方式。因此,必须在厘清管理与服务的差别的基础上,强化服务理念在体育教育教学、体育教师课堂管理中的作用。

首先,管理与服务的目标定位不同。在以管理为主的教学模式下,体育教师是教学活动的主导者。一切教学行为都是为了完成教师的教学计划、达到教学目标。而在以服务为主的教学模式下,教师是教学活动的引导者。一切教学行为都是为了优化学生的素质结构,使每一个学生全面而健康地发展。可见,服务理念更主张教师以学生的健康发展和终身学习为出发点,通过探究式学习、自主学习等方式培养学生的创新意识和学习能力。

其次,管理与服务的主客体关系不同。素质教育要求改革传统教育中教师与学生间管制与被管制的关系,建立服务者与被服务者的新型师生关系。体育教师必须树立正确的服务意识,改变居高临下的教学态度,在充分理解和尊重学生的基础上构筑师生平等对话交流的平台。因为,现代管理与传统管理的本质区别在于:传统的管理只注重管理的控制职能,以期实现管理的目标;现代管理注重其对人的服务功能,通过挖掘人的最大潜能来实现管理的目标。这种转变对课堂管理的发展也产生了巨大的影响,课堂管理不再只关注对学生的控制与约束,而是转向对学生的服务。因此,体育教师必须树立一种课堂管理是为学生服务的意识,从学生的实际需要出发,把满足学生的需要作为服务的目标。只有这样,体育教师才能从控制学生的思想禁锢中走出来,全心全意为学生服务。

(三)保持乐观的心态,爱岗敬业

保持乐观的心态,爱岗敬业,是培养教师良好服务意识的前提。体育教师在教学过程中,应尽量做到微笑教学。因为"笑"是人们拉近彼此距离的润滑剂,你对学生微笑,学生也会对你微笑。微笑能改变心境,微笑能温暖人心。一名体育教师,具备乐观的心态,能够爱岗敬业,才会在工作中多些理解,少些埋怨,才会有对学生发自内心的爱,才会不断地提升自己来满足学生的需要,才会乐于全心全意地为学生服务,才会在授课中创造一种轻松、融洽、和谐的氛围。

(四)尊重学生,重视学生的主体地位

首先,个性化服务是现在服务行业的典型标志。所谓个性化服务,指的是服务人员根据不同服务对象的特点、要求,提供相应的优质服务,使服务对象在接受服务的同时产生舒适的精神心理效应。在以往的体育课堂教学中,由于受各种各样因素的制约,体育教师往往以传授学科知识为主,忽视了学生的个体差异,对学生日益增长的多样化、个性化的学习需求缺乏考虑,最终导致体育教育缺乏特色、个性,难以满足现在学生的需求。学生在家庭背景、成长经历、知识储备、能力、个性、需求方面存在差异性,这就要求体育教师在课堂管理中要充分理解、认同学生之间差异性的存在,力争做到根据每个学生的特点提供"个性化服务",给予不同的关注。

其次,俗话说"尺有所短,寸有所长",每个人、每个服务对象、每个学生,他们的学习理解能力,运用能力和掌握体育技术、技能的速度和能力肯定存在差异。例如,在体育教师教授某个运动技术技能的时候,有的学生很快就学会了,而有的学生却要花费较长时间才能掌握。这时,体育教师就需要对后者给予更多的关注,正视他们能力的不足。只有这样,才能自始至终以一种平和的心态给学生提供周到的服务。

最后,体育教师要尝试站在学生的角度去思考,用学生的眼睛去观察,用学生的耳朵去倾听,并在此基础之上,实施课堂管理。只有站在学生的角度思考问题,才能更好地理解、宽容学生,才能更好地了解学生的具体需求,才能提供更细致的服务。

总之,培养良好的服务意识,尊重学生,就是要正视学生之间的差异,正视学生的不足,从学生的角度出发去看问题,尊重学生在教育中的主体地位。

(五)以身作则,发挥引领作用

对于一名体育教师来说,身体力行、以身作则,并发挥引领作用,是树立服务意识的重要途径之一。教师是一种职业,更是一门艺术。体育教师的职责

不只是教授技巧和知识,更为关键的是塑造学生的性格和价值观念。因此,体育教师不仅需要提升自己的专业能力和教学质量,还应注重自身行为规范的养成,努力提高自己的道德修养,以实现更佳的教学效果。

一方面,体育教师应当不断地进行学习和进修,要密切关注体育教育领域的最新动态,并将由此得来的知识和成果有效地应用于教学活动中,以提升自己的教育质量和教学水平;要通过参与各种培训和研讨会,与其他教师分享经验,积极地持续提高自己的专业知识和教学技巧水平。另一方面,在体育教学中,体育教师应保持积极乐观的心态以及对体育的热爱,严格遵守教师的行为规范,坚守正确的价值观和道德规范,并不断地自我反思、自我完善,提高自身道德修养。在这样的基础之上,体育教师才能在实际行动中,以身作则,以幽默风趣的语言、规范优美的动作等,向学生传递自己对体育的热忱,展示体育的乐趣和好处,引起学生对体育的兴趣。才能发挥自身的引领作用,为学生提供必要的关心与帮助,与学生建立和谐融洽的关系,帮助学生养成良好的运动习惯,促使学生身心健康发展,最终更好地为学生当下的个人发展和未来的全面成长服务。

第四节 建立完善的激励机制

学校是一个教育人和培养人的地方,教师是学校教育的基石。要调动教师的积极性,使其把潜在的能力充分发挥出来,为教育事业做出应有的贡献,建立健全教师激励机制就显得尤为重要。在教学活动中,体育教师面对着相当大的职业压力,在缺乏适当的激励措施的情况下,他们可能会失去前进的动力。对体育教师而言,完善的激励机制可以有效激发其工作热情,使他们更加主动地参与教学活动,进行教学研究,创新教学方法,提升教学质量。因此,对于培养和提高体育教师课堂管理能力,建立完善的激励机制十分重要。

一、激励的原则

(一)以人为本

自人本思想问世后,现代管理理论对人的激励有了全新的认识。管理者开始注意完善人的能力、开发人的潜力,促使管理对象能更加主动积极地选择具有挑战性和创新性的工作。在学校,能促使个体成长、取得成就的因素之一无疑就是激励。激励是一种强大的动力,可以推动个人不断克服困难,提高自身能力,超越自我。所以,在建立健全有效的体育教师激励机制的过程中,充分体现"以人为本"的理念是不可忽视的一个方面。

在对体育教师进行激励时,应该始终坚持"以人为本"的原则。"以人为本"的激励要求学校管理者对体育教师的需求有全面的了解和掌握,以他们的生存、自尊、发展、享受等需要为出发点和归宿点,了解他们的不同需求的特点,做到激励措施因人而异、因时而异。只有以体育教师为本,建立行之有效的激励机制,才能实现体育教师内在价值向外在价值的转化,实现内外价值的高度统一,才能激发体育教师的工作动力,让他们创造性地进行工作。此外,对体育教师要做到既使用又培养。无论是接受特定的教育,还是参加一定的社会实践活动,都有利于教师能力的提高。为此,学校在为体育教师创设良好的工作条件与给他们提供学习进修机会的同时,应设置一定的帮助机制、督促机制来促进体育教师的职业发展,对体育教师实施可持续发展的职业管理与职业生涯规划。

(二)公平公正

美国行为科学家亚当斯的公平理论认为,"公平性"是影响人们参加各种活动的积极性的重要因素之一。通常,当一个人取得了一定的成绩和相应的报酬后,他关心的不仅仅是所得报酬的绝对量,还有是所得报酬的相对量,他会与其他参照对象进行所得报酬与投入比值的比较。只有当比值相等时,他才认为是公平的,才会产生公平感,否则将产生不公平感。

公平意识在体育教师中反应比较强烈。因为,目前很多学校在对体育教师进行评价激励时,存在一定程度的不公平现象。因此,在建立和完善体育教师激励机制时,要注重考查体育教师在工作各方面的表现,对其教学工作进行公平、公正的评价,对那些平时工作认真尽责、教学成绩和带队比赛成绩突出的体育教师进行奖励。对有失误的体育教师要及时给予批评、教育,甚至惩罚等。但是,无论是奖励还是惩罚都要以事实为根据、以制度为准绳,做到客观公正,否则,会使体育教师产生不公平感,甚至导致激励机制失效。

(三)符合客观实际

对体育教师实行激励机制,最主要的目的是提高他们在体育教育教学工作中的积极性、主动性和创造性,因为这在一定程度上影响到学校发展的可持续性。而影响教师工作积极性、主动性、创造性的主要因素有工作条件和环境、领导行为、收入水平、激励机制、个人发展等,这些因素对于不同学校、不同教师所产生的影响也不尽相同。因此,要在充分了解体育教师需求的基础上,分清哪些需求是主要的,哪些需求是次要的,哪些需求是合理的,哪些需求是不合理的,哪些需求是现在可以满足的,哪些需求是经过努力才能满足的,然后针对体育教师的不同需求并结合学校发展需要,建立符合客观实际的激励机制。

(四)坚持物质奖励与精神奖励相结合

物质的需求不仅是人类赖以生存的基本前提,也是个人在精神、智力和娱乐等各方面获得发展的物质基础。精神激励是人成长需要的润滑剂。因此,对体育教师的激励应坚持物质奖励和精神奖励相结合。当体育教师在教学活动、带队比赛中取得优异的成绩时,学校应该给予他们一定的物质和精神奖励,以此作为促使他们不断进取的动力。

(五)坚持多种方式相结合

激励是管理的一种手段和方法,它是一个永远开放的体系,应该随着时代的变化、环境的变化、对象的变化而不断变化。因此,学校不能千篇一律地采用同一种激励方式,应该根据体育教师个人需求的多样性,根据体育教师的差异,根据学校发展的特点采取不同的激励措施,实现激励方式的多元化,采用精神激励、物质激励、个体激励、团体激励和目标激励等多种激励方式相结合的激励机制,为体育教师充分发挥自身的积极性、主动性、创造性提供巨大的推动力。

二、激励的策略

(一)建立完善的薪酬激励制度

物质利益原则是马克思主义的基本原则之一。物质利益作为人类生存的基础和基本条件,对人类生产和发展来说具有永恒的意义,也是社会主义分配原则的具体体现。报酬是学校延揽人才、挽留人才的有力手段,也是促使教师全身心投入工作的基本保障。在某种程度上,收入的高低,也是衡量自我价值的重要尺度,它是教师地位的标志、自尊的依据和安全的保障,反映着教师在社会上的成就、地位和价值。

在建立完善的薪酬激励机制的过程中,首先,要发挥政策的导向作用和经济杠杆的作用。可在工资、福利、住房等方面对体育教师实行一些优惠政策或者进行适当的倾斜,以满足他们的生活需求。其次,要优化绩效管理体系,建立差异化激励体系。激励不总是表现为正向的,也可以是差异化的或者是负向的,这样更容易调动体育教师的积极性,使他们打破那种"干好干坏一个样"的观念。把绩效评价引入教师激励机制中,以绩效考核为依据,打破平均主义,建立合理公平的薪酬体系,实现薪酬体系激励效用的最大化。

(二)运用情感激励,激发工作热情

20世纪50年代,美国行为科学家赫茨伯格提出了"双因素理论"。他把影响工作满意感的因素分为两类:保健因素和激励因素。赫茨伯格认为,保健因素,如工资刺激、舒适的工作环境等,即使达到最佳程度,也不会产生积极的激励作用。只有配合激励因素,如成就、认可、发展的机会等因素,才能对人的行为产生更大的激励作用。由此,我们可以看到,当前体育教师的需要是由物质需要与精神需要相结合而成的复合体。其中,精神需要最重要的一个因素就

是感情的需要。广义而言,感情需要主要包括归属需要、关爱需要、认可需要、尊重需要、和谐人际关系需要等,这些因素是激发个体内在深层次动力的"催化剂"。

教师是情感丰富的主体,是学校的主人。学校管理者应抓住这个特点,积极营造一种充满人文关怀的"软环境",经常倾听教师的心声,关心、尊重、信任他们,使教师在精神上得到安慰和鼓舞。

对体育教师实施情感激励,首先,要提高他们在学校管理决策过程中的参与程度。参与行为不仅能满足体育教师受人尊重的需要,更能给他们一种成就感。这样不仅实现了对体育教师的激励,而且还能获得更多关于学校体育教学管理、发展的有价值的意见和建议。因为,工作在一线的体育教师,对实际教学、管理中存在的弊端和不足看得更真、更清,提出的意见和建议也更具有可操作性和实际意义。其次,要认同体育教师的职业地位。体育教师是一个具有较强专业性的特殊群体,其职业地位具有不可替代性。承认他们的特殊价值,并为他们构建一个能够向社会展示自己价值的平台,是对他们最大的激励,也会产生更大的激励作用。最后,要帮助体育教师专业成长。学校要为体育教师提供必要的成才帮助,为他们提供一些进修和提升的机会。此外,还要关心体育教师的日常生活,帮助他们解决实际生活中各种各样的困难,对他们给予更多的赞扬、肯定、关心。

(三)适当运用目标激励

体育教师是有着较高职业素养的学校群体之一,有较强的自尊心、荣誉感和成就感。所以,可以根据其特点,使用多种精神激励方法。目标激励就是其中行之有效的激励方法之一。

所谓目标激励,指的是运用激励目标,不断刺激人的需要,激发人的内在需求动机,诱导人的行为,使其不断发挥内在潜力,为实现心中目标不懈追求的过程。把目标激励运用到学校管理中来,就是要创造一种把社会、学校和个人目标有机融合的机制,使全校上下有一个共同目标,并促使所有员工为之不懈奋斗。这种激励方法,有利于增强体育教师的团队意识,激发他们的团队精神,维持学校凝聚力、战斗力,使体育教师的潜能与积极性在目标实现的过程中得到充分发挥与释放,使体育教师获得自我实现需要的满足感。

在对体育教师运用目标激励策略时,首先,要将学校的总体教学目标转化成具有激励性的个人目标,让体育教师参与到目标制定的过程中,扩大他们的参与面,实现学校的教学目标与个人的发展目标的有机融合,使他们充分认识到学校教学目标的实现与个人的事业、追求、前途息息相关。其次,学校总目标设置要明确、具体、分阶段、有层次,并将学校总目标分解落实到不同组织、部门和教师身上,使目标和责任联系起来。要建立和完善学校整体发展与个体发展联动的多层次的激励目标,并有效地落实,使体育教师得到快速发展与自我实现。

(四)个体激励与团队激励相结合

在目前的教师激励体系中,个体激励占据主导地位,强调教师的独特性和个性化。个体激励的主要优点是能够极大地激发个体的工作积极性,促进个体的个人目标和价值的实现。在这一方面,与个体激励相比,团队激励通常效果较低。在执行个体激励措施时,个体之间存在激励的差异比较明显,这可能导致一些人出现不满、懒惰和消沉等负面情绪,影响到个体之间的团队合作。团队激励虽然有利于团队合作,但可能无法对优秀个体起到很好的激励效果,甚至可能削弱个体的积极性。

在体育教学中,教师个人的能力,以及教师之间的团队协作和配合是不可或缺的,而教师的个人目标与教学的总体目标之间有时会有些许的偏差,仅靠个体激励或团队激励,有时是无法达到预期的激励效果的。因此,要想使激励机制产生最大化的效果,需要把个体激励与团队激励有机地结合起来。要在制定科学合理的个体激励措施的基础上,通过对团队的激励措施,提高团队内部的凝聚力,这样可以有效地弥补单一激励的不足之处,既能激发体育教师的教学激情,保证其工作的积极性,使其充分发挥自身的能力和智慧,又有利于维持团队合作的稳定性,使体育教师能更好地实现教学目标。

(五)"自我价值"激励模式

人人都渴望实现自己的价值,从心理学角度分析,"自我价值"与个体对自身的评价有直接关系,自我价值的实现是一个动态的过程,是个人通过自己的努力得到他人和组织的肯定,从而达到自我完善的目的的过程,涵盖了实现成就、获取机会以及展现个人魅力等方面。作为具有"社会人"特质的特殊社会群体,体育教师也同样希望能在其职业生涯中得到他人的认同和尊重,实现自己的价值。在"自我价值"激励模式中,当目标达成后,被激励的人会感受到实现自我价值的满足和骄傲,这可能不是实质性的物质奖励,却给人带来了一种更深层次的心理满足感。这种心理满足感不仅会促使个体更加努力地完成工作任务,而且还能使其身心得到健康的发展。

体育教师往往对职业发展和个人成长有着强烈的渴望,并渴望得到身边同事、朋友和学生的支持和认同。因此,在对体育教师进行激励时,可用"自我价值"这一理念,将教师与学生、学校和社会联系起来,形成一个多方相互作用的"自我价值"激励模式。这一模式能在很大程度上弥补传统薪酬激励在心理或精神方面的缺陷,从精神层次上,有效地激发体育教师的工作积极性,提升其职业满意度,使体育教师产生职业幸福感及归属感,进而促使体育教师不断提升其各项能力。

第五节　对教师实施人文关怀

人文关怀对一个人来讲是对个人的一种肯定和价值的认同,体育教师如果缺乏这样的肯定和认同,就会丧失对工作的激情和动力。为体育教师提供人文关怀,关心他们的情感需求和成长,不仅可以增强他们的工作满足感和幸福感,还能推动他们的个人和专业成长,从而进一步促进学生的全方位发展。对体育教师实施人文关怀,最重要的就是要为体育教师创建和营造一种处处体现人文关怀、宽松和谐、安定团结、民主自由的人文环境。

一、人文关怀环境的构建

学校构建人文关怀环境的关键之一在于学校的领导层。其中,校长作为一个学校的主心骨,他的理念、行为、决定将影响整个学校的发展。校长应具有人格魅力,能凝聚全体教师的力量和智慧,能让每个教师发现自己、挖掘自己的潜能。一个校长如果具有人本理念,就可能营造充满人文关怀的工作氛围,让教师展现自身人格的魅力和对生命的敬重。一个具有人本理念的校长,才能制定出以人为本的学校制度,实施以人为本的管理,为教师的发展创造良好的人文环境。

营造良好的人文环境,首先,要加强学校的文化建设力度,形成一种促进教师发展的开放、自由、和谐的文化氛围。树立为教师服务的思想,将教师的利益、冷暖、安危放在心上,以诚待人、以情感人,营造和谐的、绿色的、积极向上的人际氛围。

其次,要加强对教师的人文关怀,注重教师的生存与需求。体育教师在其职业的责任之外,也担负着家庭的责任,他们都有"人之为人"的最根本需求——衣食住行。虽然我们常将教师比作"蜡烛",将其视为为社会服务的形象代言人,但他们也是社会的一分子,要靠自己的劳动来维持生活。所以,重视教师,要重视教师的生命(物质、心理、家庭、学校)。要让体育教师真正地投入到工作中去,并能有效地发挥自己的作用,就必须重视体育教师,重视体育教师的工作,这样才能引起社会的重视,提高体育教师的社会地位,让更多的优秀人才加入体育教师的职业队伍,同时也可以培养体育教师自身的价值意识。另外,要重视体育教师的工作得失,使其在享受人生的过程中,体会到成功的喜悦,并从中汲取经验与教训。

再次,要重视教师对知识的渴望。在条件允许的情况下,要尽可能地让教师有机会去学习,以满足教师的求知欲望。体育教师在自尊和自我实现方面的心理需求较高。因此,在关注体育教师的物质需求的同时,还应关注其心理健康、安全、归属、尊严和自我实现等各个层面的精神需要,使他们感到被尊重,工作有价值,生活有意义。体育教师在体育教学中的需求得到了充分的满足,获得了一种成就感,就会对体育教学产生更深的感情。

最后,在营造一个良好的人文氛围的同时,也要注意对社会舆论的正确引导。在体育教学过程中,社会各方面都要自觉营造一个有利于体育教师发展的舆论氛围,以合理的心态对待教学中的问题,缓解体育教师的心理压力,给他们提供一个良好的自我发展、自我反思和自我超越的社会环境。

二、体育教师的自我人文关怀

体育教师的自我人文关怀是指,体育教师要乐于享受体育教育中的人文关怀。体育教师的自我人文关怀的实现,首先要求教师树立正确的价值观,认识到自己从事体育教师这一职业并不仅仅是为了学生的发展而纯粹地做出奉献和牺牲,这样做不仅是为了完成社会交给自己的使命,也是为了实现自己的人生价值和理想。

其次,体育教师也要对自己在学校、在教育中的身份有一个正确的认识和定位。明白自己在教育活动中,既是关怀者,要关心学生的学习、生活、成长和发展,同时又是被关怀者,要乐于享受教育中的人文关怀。体育教师既是人文关怀的创造者,也是人文关怀的享受者,在教学的过程中体会和享受教育带来的人文关怀。如果体育教师树立了这种意识,他就能从工作中感受到生命的充实和生活的乐趣。体育教师在享受人文关怀时,要重视自身在教材加工改造中的地位和作用。特别是随着新一轮教育改革的推行,已经没有固定的教材可以参考,这就要求体育教师必须改变以前那种照本宣科的教学方式,将手中的教材与教学实际联系起来,做出适当的取舍,有意识地开发校本课程,充分利用一切可以使用的体育教学资源,赋予教材以生命力,让教材"活"起来。只有这样的教学方式才能为学生所接受,从而体现体育教师对学生的人文关怀。

教师的发展是学校发展的前提条件。学校先进的办学理念、教学模式都必须通过教师的深刻领会、辛勤实践,创造性地应用于教学当中,唯有这样,学校才能为学生提供优质的教育和服务。总之,在对体育教师实施人文关怀的时候要做到:不仅要让体育教师接受学校具有量化标准的"严管",更要让他们感受到学校的"厚爱"和关怀。对于为学校做出突出贡献的体育教师,政治上给予荣誉、经济上给予重奖；对于偶犯错误、稍有过失的，则开诚布公，宽以待人，指出缺点，促其改正。这样做有利于为体育教师创造一个宽松和谐的工作、生活环境，使学校处处体现着人文关怀，逐渐形成"关心人、爱护人、激励人"的管理机制。

课题探究

课题之一

探究题目：根据你的理解，谈谈"以人为本"的体育教师激励机制的建构。

探究建议：从"以人为本"的理念和激励机制建立的依据着手，进行较为深入的分析和探讨。

课题之二

探究题目：以体育教师成长环境的营造为研究方向，写一篇3000字以上的论文。

探究建议：可以从人才成长环境的营造着手，结合体育教师的实际情况进行分析。

课题之三

探究题目：以"增强体育教师服务意识，提高自身修养"为题，写一篇3000字以上的论文。

探究建议：以服务意识的树立为主线，以体育教师实际为研究方向进行探究。

学导提示：

　　经过前面七章的学习，不论是从理论层面还是实践层面都对体育教师课堂管理的相关概念、内容及课堂管理能力的培养与提高进行了全方位的、紧扣实践的阐述。本章专门对体育教师课堂管理的实践案例进行集中展示与分析，旨在通过实际案例分析对教师提升课堂教学效率起到促进意义。

第八章

案例集锦

案例一

足球——脚内侧踢球(射门)
高中一年级 周志成(武汉市吴家山中学)

一、案例背景

(一)项目介绍

　　足球是一项以脚为主，控制和支配球，两支球队按照一定规则在同一块长方形场上互相进行进攻、防守对抗的体育运动项目。因足球运动对抗性强、战术多变、参与人数多等特点，故被称为"世界第一运动"。

(二)课标要求

　　《普通高中体育与健康课程标准(2017年版2020年修订)》对高中学生在足球模块一的学习要求如下。

（1）了解所学足球动作技术、组合动作技术、个人战术与局部战术的基本原理，了解足球运动对养成良好的锻炼、饮食、作息和卫生习惯的作用，理解足球运动对增进健康、培养体育品德的作用。

（2）基本掌握行进间脚内侧传接地滚球，接球转身，原地脚背内侧传空中球，脚内侧接空中球和脚底接反弹球，正面头顶球，行进间脚内侧及脚背内、外侧变向运球，脚内侧、脚背外侧变速运球，行进间运球、传接球射门等动作技术。

（3）学习正面和侧面抢球、捅球以及合理冲撞等防守技术，基本掌握防守有球与防守无球队员时的身体姿态与移动步伐等动作技术。

（4）基本掌握接球与传球、抢球与传球、接球—运球—传球、抢球—运球—传球等组合动作技术。

（5）基本掌握个人有球进攻时突破过人、向前传球、射门，对持球者个人防守时盯人、压迫，个人无球进攻时跑位、支援、接应，个人对无球者防守时进行盯人、盯位、压迫等基本方法。

（6）积极参与一对一、二对二加自由人、二对二等多种竞争性的活动和小场地比赛。

（7）参与足球运动的一般体能和专项体能的练习。

（8）了解足球场地、越位、犯规与不正当行为等足球比赛规则。

（9）观看国内外高水平足球比赛。

《普通高中体育与健康课程标准(2017年版2020年修订)》对高中学生在足球模块一的学习中的教学提示如下。

（1）引导学生采用多种熟悉球性的练习方法，如从原地过渡到行进间的双脚左右交替踩球、拉球、推球、拨球等练习，固定区域随机摆放不同距离的标志筒或标志盘进行绕"8"字练习等，增强学生的球感。

（2）在进行足球单项技术的教学时，避免让学生采用单个静态的学练手段，注意不要过度强调动作技术的细节，应引导学生在运动中反复学练，提高学生单项技术的熟练程度；应合理安排学练内容与方式，提高学生的运动密度和强度，如利用标志筒，设置多个小球门进行传接球比赛；在固定区域内自由运球，另设置1名、2名或多名防守者进行干扰或破坏等练习；利用游戏和比赛情境，促进学生运动技能和体能发展，激发学生的学习兴趣和热情。

（3）在进行接球与传球、抢球与传球、接球—运球—传球等组合动作技术教学时，要提示学生注意技术之间的衔接和连贯；让学生先自主体验组合动作技术，再分组练习，如4人自由组合，一组一球，一对三围抢球练习，逐步培养学生自主学习、合作学习的能力。

（4）每节课不能只教一项技术，应该指导学生进行多种技术相结合的学练，并在游戏和比赛情境中加强动作技术的运用与提高，使学生尽早体验完整的足球运动的乐趣和价值，培养学生运用综合知识和技能解决问题的能力。

（5）在进行个人战术、局部战术的教学时，要让学生在对抗的情境下进行练习，如一对一练习中，进攻时如何突破过人，防守时如何盯人、压迫；在进行二对一练习前，先指导学生掌握基本的两人配合，如直传斜插、斜传直插、交叉掩护等局部配合，然后指导学生练习如何跑位与制造空当以及接应和支援配合等，逐步提高学生在比赛中主动观察和快速决策的能力。

（6）除了让学生学练基本动作技术和基础配合外，每节课都应安排一般体能和专项体能的练习，如以不同起跑姿势快速起跑等速度练习、俯卧撑、多级跳、纵跳、仰卧起坐等力量练习，三人一组一球、穿插跑动传接球练习等有氧耐力练习。这既有助于增强学生的体能，提高动作技术和基础配合的水平，又能培养学生吃苦耐劳、坚韧不拔的意志品质。

（7）指导学生在实践课中，特别是在比赛过程中学习有关规则，这既有助于增强学生对足球比赛规则的理解，又能培养学生遵守规则的意识。

（8）通过课堂教学、网络学习、阅读图书报刊、观看比赛、收听新闻等多种途径，使学生了解足球运动的有关知识和重要事件，逐步提高学生的足球运动认知水平。

二、案例视频

三、案例思考

依据《普通高中体育与健康课程标准(2017年版2020年修订)》，本堂体育课首先在运动能力方面了解脚内侧踢球(射门)的基本技术和规则；掌握和提高单一技术及组合运用能力;熟练掌握脚内侧踢球(射门)技术和运用,基础好的学生能够基本掌握脚内侧踢球(射门)技术。其次,在健康行为方面激发了学生对足球运动的兴趣,培养学生终身体育发展的意识。最后,在体育品德方面,培养了学生团队合作、敢于挑战的体育精神,养成积极进取、果敢机智的品格。

脚内侧踢球是指球员有目的地用脚内侧把球击向预定目标,这是足球踢球技术之一,是最基本也是最重要的技术动作,主要用于传球和射门。踢球的好坏直接影响着比赛的胜负,因此,掌握脚内侧踢球技术对足球比赛具有重要意义。通过学习能够提高学生的协调性、灵敏性,还能够促进学生的团队协作,塑造学生勇于挑战、交流互助的优良品德。

本次授课对象为高中一年级的学生,此时学生正好处在青春发育期,心智持续发展,认知能力特别是观察力、注意力、思维能力进一步提高,已具备一定的分析问题、解决问题的能力。所以在足球脚内侧踢球教学过程中更强调动作规范性,以及在不同的运动情况之下如何运用该技术。这一阶段的学生具有较强的求知欲望,对于足球脚内侧踢球动作技术的学习有积极性和主动性。

本次授课的教师首先很好地做到了课程标准要求的一点,遵循了新时期课程标准改革背景下体育教师"精讲、多练"的原则,讲解技术动作和练习内容的语言简洁凝练,学生练习密度较高,学生的锻炼效果明显。并且教师从一开始就采用了多种形式的慢跑热身,最大程度地活动了学生身体上的各个关节,加上采用的都是与本堂课内容相关的专项热身动作,合理地贯穿于课堂的各个环节。其次,在练习纠错方面很好地平衡了个别问题单独纠错和集体问题集体纠错的关系。最后,本次授课的教师有一个最大的亮点就是教姿、教态,热情饱满,言语富有激情,很好地以非语言因素激励了上课的学生,这是体育教师应该具有的一大特点。

建议:①体育教师在做教学设计的时候,可以对运动项目进行合理修改,为了满足教学设计的要求,可以将它从一个单纯的竞技运动项目修改成为适合体育与健康课程的内容,比如在这堂课的教学比赛环节,上课的教师就对比赛规则进行了简单的修改。②新时期体育课中的课程思政内容要贯穿教学的全过程,就像本课开头的队列队形练习能够塑造学生良好的精神面貌,培养体育精神,形成体育品格,并且在之后的练习环节、教学比赛中,体育教师可以以不同的方式将课程思政设计的内容加入到教学环节当中。

资料来源:

1.《普通高中体育与健康课程标准(2017年版2020年修订)》

2.第八届中小学优秀体育课和健康教育课教学观摩展示交流活动(四川德阳,2019)

案例二

排球——正面双手垫球

高中一年级 曾庆霞(四川外国语大学附属外国语学校)

一、案例背景

(一)项目介绍

排球运动是指参与者以身体的任何部位(手、手臂为主)在空中击球,使球不落地,既可隔网进行集体的攻防对抗性比赛,也可以不设球网相互进行击球游戏的一种体育运动项目。排球运动形式多种多样,主要是按竞赛规则、比赛形式、参与人数、运动目的等来分类。一般来说,通过运动训练来提高技术水平,以获取最佳竞赛成绩为目的,并在国际上有统一竞赛的运动形式为竞技排球,如6人制排球、沙滩排球、残奥会坐式排球等。而以健身娱乐为主要目的,国际上还没有统一竞赛规则的运动形式被称为娱乐排球,如软式排球、气排球、妈妈排球、4人制(公园)排球、9人制排球、草地排球、泥地排球、雪地排球、墙排球等。

(二)课标要求

高中体育与健康课程主要是为了培养学生的运动爱好和专长,使其养成体育锻炼的习惯;课程综合性强调关注多种内容和方法的整合,以体育教育为主,融合健康教育,注重学科德育,培养学生的健康意识和行为,促进学生全面发展。

根据《普通高中体育与健康课程标准(2017年版2020年修订)》,高中学生在排球模块一的学习要求如下。

(1)了解所学排球动作技术、组合动作技术、个人战术与局部战术的基本原理,了解排球运动对养成良好的锻炼、饮食、作息和卫生习惯的作用,理解排球运动对增进健康、培养体育品德的作用。

(2)基本掌握准备姿势与移动、上手发球、下手发球、接发球、正面双手垫球、体侧双手垫球、背向双手垫球、传球、扣球、拦网等动作技术。

(3)基本掌握垫球、接发球、传球技术,接发球—传球—垫球或扣球等组合技术动作。

(4)积极参与二对二、三对三等多种竞争性的活动和小场地比赛。

(5)了解排球场地、过网击球、过网拦网等排球比赛规则。

(6)观看国内外高水平排球比赛。

普通高中体育与健康课程的教材中,对学习高中排球模块一的学生的教学提示如下。

对于高中生来说,正面双手垫球在学习中应抓住三个关键环节,即垫球的击球位置、人与球的位置关系和全身协调用力,难点是全身协调用力垫球。

要在垫球时用腕关节以上10厘米处击球,并通过快速移动使球处于身体前面。而全身协调用力垫球,则要做到插、夹、提、移、蹬、跟六个字,即:

插——降低重心,两臂前伸,插到球下。

夹——含胸收肩,两臂夹紧,两肘伸直,前臂击球压腕。

提——含胸后提肩。

移——移动到位,正面对准来球。

蹬——手臂击球时,下肢伸腿蹬地。

跟——重心随球向前。

二、案例视频

三、案例思考

依据《普通高中体育与健康课程标准(2017年版2020年修订)》,本节课在运动能力方面,通过不同形式的练习方式,初步发展了学生的正面垫球能力,以及在体能训练中发展了学生的核心力量;在健康行为方面,提高了学生的协调性,发展了学生的灵敏速度等身体素质;在体育品德方面,学生在小组练习当中培养了团队协作能力,同时也培养学生勇敢挑战、顽强拼搏与努力竞争的意识。

本课坚持以"健康第一"为指导思想,打破传统教学方式陈旧、教学氛围单调枯燥的局面,以分组自主练习的形式营造了一个轻松、自由、快乐的学习环境,再用小组比赛的方式引导学生练习、巩固动作,发展其体能。在课堂中,让学生带着兴趣投入练习,并在练习中通过自己的积极思考、亲身实践和同伴协作去解决问题,从而更深刻地体验如何移动垫球、控制球的落点。

本次授课对象是高中一年级排球模块的学生,是借班上课。学生在身体素质与运动技能上有一定的差异,通过课前接触,学生基本掌握一定的排球正面双手垫球技术,但大部分学生动作不够规范、准确,动作僵硬,身体不协调。

正面双手垫球是排球教学中最简单、基础的技术,它通常用于接发球、接扣球、接拦回球等,垫球的好坏直接影响着比赛的胜负,因此掌握垫球技术对排球比赛来说具有重要作用。同时通过学习,可以提高学生的协调性,发展学生的移动速度等身体素质,还可以培养学生勇敢拼搏、协作的心理素质,从而促使学生身心和谐发展。

正面双手垫球是排球技术当中非常基础的技术动作,是掌握好排球运动的一个必要的条件。但只有单一的技术动作练习,学生难免会感到枯燥,所以该堂课选用多种形式的练习方法,真正地让学生全身心投入到练习当中。多种练习形式组合使用也避免了学生只练单一技术动作,出现只会技术动作,而不会打排球的现象。再结合核心素质组合练习,提高了学生的腰腹力量。其中,本堂课最大的一个亮点就是授课教师在体育教学过程当中,基本上没有用批评的手段,而是用激励的手段去鼓励学生进步,激发学生的兴趣。

建议:①课堂练习组织形式可以适当做出调整,虽然对垫球的练习进行了详细分组,并且有音乐的伴奏,但是总体上仍属于传统的练习方式。课堂上各个小组过于分散,致使练习场地略显拥挤,甚至出现了学生练习意愿不高的情况。②有些练习内容可以在学生的练习位置上直接告知,队伍调动太过频繁,浪费了课堂时间。③由于素材的录制时间原因,没有注意秉承新课程标准背景下的教学要求,体育课堂要让学生做到"学会、勤练、常赛"。在课堂练习的后面部分可以围绕正面双手垫球进行一场简单的教学比赛,来提升学生的运动兴趣。④本堂课值得肯定的是注意了课程思政内容的设计,但是只在最后部分集中提到,课程思政内容的设计应贯穿课堂前后,这样才能够对学生产生更深的影响。

资料来源:

1.《普通高中体育与健康课程标准(2017年版2020年修订)》

2.2017版新课标背景下"基于体能视角,彰显教育魅力"全国中小学体育名师教学观摩研讨会

案例三

田径——投准:投准动作方法
小学三年级 钟小蝶(温州市鹿城区瓯江小学)

一、案例背景

(一)项目介绍

田径类运动是人体基本身体活动能力的体现。随着社会的进步和发展,人们将走、跑、跳跃、投掷等基本生活生存技能逐渐发展为运动技能,并形成运动项目。义务教育体育与健康课程中的田径类运动主要包括短跑、中长跑、跨

栏跑、接力跑、跳高、跳远、掷铅球、掷实心球和掷垒球等运动项目,可分为跑、跳、投三类,其特点是以个人独立完成为主的速度、高度、远度等的较量。

(二)课标要求

田径类运动除了与其他类别的运动具有共同的育人价值和能力要求外,对于发展学生力量、速度、耐力等体能,提高学生快速反应能力、注意力等,培养学生勇于进取、坚忍不拔、挑战自我等体育精神具有独特的价值。田径类运动中的短跑项目主要发展学生的快速移动能力,提高无氧代谢水平;中长跑项目主要发展学生的耐久力,提高心肺功能;跳跃项目主要发展学生的弹跳力、身体控制力和灵敏性,提升跳跃的远度和高度;投掷项目主要发展学生的力量和爆发力,提高机体协同动作能力。

根据《义务教育体育与健康课程标准(2022年版)》,水平二目标对田径的教学要求如下。

1.学业要求

(1)在降低规则要求的情境下做出所学田径类运动项目的基本动作和简单组合动作,并运用于跑、跳、投掷游戏和比赛中;体能水平有所提高;说出发展跑、跳、投掷能力的动作名称和练习方法;每学期观看不少于8次所学田径类运动项目的比赛。

(2)适应跑、跳、投掷游戏和比赛的环境变化,主动与同伴交流合作,学练有一定难度的动作时能保持情绪稳定,初步树立安全意识。

(3)在田径类运动项目游戏和比赛中积极进取,不怕困难,勇敢顽强。

2.教学提示

(1)以游戏为主开展教学,如运用喊数抱团、30米迎面接力赛、"斗鸡"、袋鼠跳接力赛、打移动靶、抛地滚球等,激发学生学练田径类运动项目的兴趣。

(2)重视跑与跳、跑与投掷、跳与投掷等不同动作之间的组合练习,如助跑摸高物,助跑投掷轻物,各种跑、跳、投掷组合接力赛等,提高学生运用跑、跳、投掷技能的能力。

(3)设置有一定难度的跑、跳、投掷练习活动,如在"快速跑"教学时采用负重跑、上坡跑等,在"跳远挑战赛"教学活动中让学生根据自己的能力选择适合的高度,努力越过起跳区前设置的不同高度的橡皮带和横杆等,培养学生不断挑战自我的精神。

(4)注意结合学生体能发展敏感期,侧重发展与所学田径类运动项目相关的体能,引导学生注意发展其他体能,促进其体能全面发展。

二、案例视频

三、案例思考

依据《义务教育体育与健康课程标准(2022年版)》,本节课在运动能力方面:初步发展学生投掷能力,符合相应学段的要求;学生初步掌握了投掷项目的知识与技能。在健康行为方面:学生积极与同伴交流合作,把未投准的情绪在运动中进行调控,基本适应了体育运动的环境。在体育品德方面:学生在体育运动中具备较强的信心,勇敢顽强地克服困难;遵守游戏规则,在体育运动中相互帮助。

本课以色彩丰富的弹弹圈与小球为器材,运用模仿、体验、尝试比较等方法,在讨论中选择合适的练习方法,在展示中让学生形成正确动作概念,在拓展中发展学生的核心力量,同时让学生体验到投掷稳、准、快的技术特点。

本课采用多种组织形式,有意识地运用学生已有的生活经验设计练习方法,激发学生强烈的求知与探究欲望,促进其积极参与体育活动,养成良好的健康行为习惯,发展运动能力,端正体育品德。该学段学生有活泼好动,注意力不容易集中,兴趣难持久,依赖性强等特点,对说教过多、技术要求过高的课程不易接受,也不感兴趣。相反,本课采用直观的、易于模仿的教法进行教学,让学生有一种新鲜感。在练习组织形式上,采用分组合作形式,让团队成员间相互帮助、监督;设计练习内容时,采用"乐学"模式;在学习方法引导上,使用"放手"的方法,让学生自主探索;在技术教法上,以先练后教为主;在课堂评价时,充分鼓励和赞扬学生,开发他们的想象思维,培养其创造能力;在练习中使用重量较轻的小球和色彩丰富的弹弹圈等,在投掷距离设置上也考虑到要提高学生的练习成功率,让他们有良好的情感体验。

本课主要内容是让学生在自主体验多种投准练习方法的过程中,讨论总结出最合理、最适合自己的某种方法,重点引导学生体会如何全身协调用力、瞄准目标采用合适出手角度的投掷动作,使其形成正确的投掷姿势,为后面阶段的投远奠定基础。在教学中,注意学生左右肢体的均衡发展,不仅有左右手分别投,也有双手投。本课设计《西游记》情境导入环节,游戏"小司机""游玩花果山",让学生在游戏化的教学里"以赛促学,以赛激趣"。

塑胶场地是进行田径类项目教学的理想场地,但是依然需要注意避免学生受到阳光直射。在常规体育课的时长内,若双眼持续受到阳光的直射,将会对学生的眼睛造成不可逆的伤害,这是本节课在教学管理中需要考虑的因素,建议有条件的中小学可以在室内或者阴天开展相似内容的教学。

资料来源:

1.《义务教育体育与健康课程标准(2022年版)》

2.第八届中小学优秀体育课和健康教育课教学观摩展示交流活动(四川德阳,2019)

案例四

体操——侧手翻
小学五年级 姚丹(镇江市镇江新区平昌小学)

一、案例背景

(一)项目介绍

体操类运动是通过徒手、持轻器械或在器械上完成不同类型与难度的成套动作,充分展现人体控制能力,塑造健美形体,并具有一定艺术表现力的体育运动项目。义务教育体育与健康课程中的体操类运动项目主要包括徒手体操、轻器械体操、技巧运动、艺术体操、健美操、韵律操、体育舞蹈和街舞等,可分为两类:一类是技巧与器械体操,如支撑跳跃、技巧运动、低单杠运动等,其特点是身体做出支撑、倒置、滚动、旋转、跳跃、翻腾、环绕、伸展等动作;另一类是艺术性体操,如韵律操、健美操等,其特点是伴随音乐展现节奏明快、刚劲有力、舒展优美的动作。

(二)课标要求

体操类运动除了与其他类别的运动具有共同的育人价值和能力要求外,对于促进学生神经系统发育,增强对身体的稳定性控制,提高动作准确性,发展方位意识、时空概念等有着不可替代的作用,还能有效增强肌肉力量、肌肉耐力及提升动作速度,在培养学生独立自强、勇敢坚毅、不怕挫折、自尊自信、乐观开朗以及想象丰富等优良品质方面也具有独特的价值。技巧与器械体操运动更有助于培养学生独立、勇敢、坚忍等意志品质,艺术性体操运动更有助于培养学生的节奏感、美感和表现力等。

根据《义务教育体育与健康课程标准(2022年版)》,水平三目标对体操教学的要求如下。

1.学业要求

(1)掌握所学体操类运动项目主要的基本动作技术和组合动作技术,并运用这些动作技术主动参与小组、班级的动作展示或比赛;体能水平进一步提高;能描述所学体操类运动项目的动作技术要领、练习方法和比赛基本规则;每学期观看不少于8次所学体操类运动项目的比赛或表演,并能进行简要评价。

(2)积极参与所学体操类运动项目的学练,能够独立或与同伴合作完成所学组合动作,情绪比较稳定,积极与同伴交流;能够在学练之前检查体操器械与场地安全,认真做好准备活动,初步形成安全运动的习惯。

(3)按照规则和要求参与所学体操类运动项目的展示与比赛,并能充满信心、积极进取、勇敢顽强、不怕挫折。

2.教学提示

(1)有意识地引导学生体验做体操类运动时的身体感受,提高学生的感知能力和身体控制能力。

（2）注意加强动作技术之间的关联,如让学生学练技巧侧手翻—直立转体—燕式平衡—挺身跳等组合动作技术,增强学生对所学项目的完整体验和理解。

（3）加强动作技术与生活的联系,如让学生模拟在遇到突发的自行车冲撞等危险时灵活运用鱼跃前滚翻动作化险为夷,培养学生的自我保护意识和学以致用的能力。

（4）创设小组探究学习情境,启发学生通过改变动作技术方向、动作节奏、合作人数等方式,主动创编并展示所学体操类运动项目的组合动作技术,培养学生的创新意识和能力。

（5）为学生提供更多的机会展示所学体操类运动项目的学习成果,并引导学生进行相互评价。

（6）运用现代信息技术手段开展体操类运动项目的教学,如引导学生使用体操相关视频资料分析动作技术的特点等,培养学生的信息素养及分析问题和解决问题的能力。

二、案例视频

三、案例思考

依据《义务教育体育与健康课程标准(2022年版)》,本节课在运动能力方面:学生基本理解与掌握体操侧手翻的完整动作与侧手翻摆腿与侧移重心的动作要领。在健康行为方面:学生具有良好的合作意识,积极与同伴合作,掌握体操侧手翻技能的保护、帮助的方法。在体育品德方面:学生能够坚持不懈地克服侧手翻学习过程中遇到的困难;能够很好地保护与帮助同学。

从课程结构看,本课的结构基本合理,教学各环节循序渐进,课堂中采用"小猴侧跳"练习方式,降低了练习难度,之后不断地变换练习的形式与方法,依据运动技能教学特点,由易到难,由分解到完整。让学生从紧张到自信,从不熟练到逐步连贯,从原地双手直臂支撑摆腿练习开始,到动态的支撑摆腿。让侧手翻完整练习始终贯穿课堂,促进学生体育学科核心素养的提高。

从学生角度来看,本课学生的参与度和兴趣都非常高,学生能够做到有序认真、遵守纪律,在规定的场地按照教师的要求进行练习。学生看似是在玩,实际上他们也在认真体味所学的内容。随着教学形式不断变换,教师在欢快的氛围中达成了教学目标。

从重难点的解决来看,本课的教学重点通过各种游戏、对比教学、合作学习等方式得以体现,学习难点通过学生的反复体验、不断激发学生学习兴趣逐步予以突破,整堂课学生的完成度较高。授课教师的手段和方法值得我们思考,特别是小垫子的灵活应用,通过折叠垫子、展开垫子、竖起垫子来不断改变小垫子的形态,引导学生练习,激发学生的练习兴趣,并逐渐提高学生的动作质量。授课教师还巧妙利用皮筋柔软和伸缩的特性,让学生用脚尖去够皮筋,不会出现危险,同时还可以促使学生将腿向上摆。作为一名教师,除了吃透教材,更重要的是能够多学习其他教师教学的长处,让自己的课堂变得更活跃,让学生更喜欢自己的课。

资料来源:

1.《义务教育体育与健康课程标准(2022年版)》

2.第八届中小学优秀体育课和健康教育课教学观摩展示交流活动(四川德阳,2019)

案例五

武术——原地腾空飞脚的动作方法
初中二年级 黄霞(温州市第八高级中学)

一、案例背景

(一)项目介绍

武术是以中华文化理论为基础,以技击方法为基本内容,以套路、格斗、功法为主要运动形式的传统体育。随着中国社会的发展以及对传统文化的弘扬,武术文化内涵得到更多人的关注,武术的文化属性进一步凸显。武术在数千年的传承发展中,因其具有良好的健身、防身和修身价值,为中华民族的繁衍昌盛做了突出的贡献。在培育和弘扬民族精神的时代背景下,更应该重视武术的修身价值,继承和发扬尚武精神与崇德意识,使武术为人格的完善发挥积极的作用,进而为社会主义精神文明建设做出应有的贡献。

(二)课标要求

在"立德树人"的大背景下,坚持"健康第一"的指导思想,基于中国体育课程模式中运动负荷、体能练习和运动技能三个关键要点展开教学。

根据《义务教育体育与健康课程标准(2022年版)》,水平四的学生在中华传统体育类运动学习中的学业要求如下。

(1)在展示或比赛中灵活运用所学中华传统体育类运动项目的基本功、基本动作技术、组合动作技术和套路,表现出充沛的体能;能描述所学中华传统体育类运动项目的历史文化,解释所学动作技术的基本原理;能担任教学比赛的裁判;每学期观看不少于8次所学中华传统体育类运动项目的比赛或表演,并能对某场高水平的比赛做出分析与评价。

(2)在生活中自觉运用所学中华传统体育类运动项目进行锻炼;在学练和比赛中保持良好的情绪,与同伴友好相处;熟练运用所学技术保护自己和同伴,能消除运动中产生的疲劳,并积极进行身心恢复。

(3)在所学中华传统体育类运动项目的展示或比赛中能遵守规则,尊重裁判,尊重对手;自立自强,沉着冷静,克制忍耐,形成正确的胜负观和责任意识。

根据《义务教育体育与健康课程标准(2022年版)》,水平四的学生在中华传统体育类运动学习中的教学提示如下。

(1)重视让学生在真实的攻防情境中体悟技战术运用,如在中国式摔跤教学中,引导学生体会、发现当实战距离相对较远时,可使用里刀勾、手别、牵别、披、揣等动作技术,通过"三步蹦子"而"入",缩短实战距离,让学生通过切换两人间的支点与杠杆来摔倒对方,进而体会并领悟"入"的重要性等,提高学生应对变化的能力和解决问题的能力。

(2)设计具有挑战性的学习活动,如设计挑战赛,给学生提供与不同重量级同伴对抗的机会,提高学生灵活运用动作技术的能力,帮助学生进一步认识和理解自身所缺能力,培养学生敢于挑战、迎难而上的体育精神。

(3)合理运用"打练合一"的教学策略,如在学生学习一些基本的单势动作后,引导学生进行对抗练习,在对抗情境中体验动作技术的攻防含义和发力特点等,增强对动作技术、战术和规则的整体把握,提高实战能力和创新意识。

(4)强调主题式教学。中华传统体育类运动项目的动作技术丰富多样,学生很难在课堂中一一领略,教师在教学实践中宜采用主题式教学,如在中国式摔跤教学中,采用"勾"这一主题将本水平的里刀勾动作技术和以前学过的长腰勾、大得合等动作技术组合起来,采用"别"这一主题将支别、手别、牵别、扒腰别、小得合等动作技术组合起来,引导学生发现"勾""别"类动作技术的主要特点和共性,举一反三,帮助学生更好地掌握该类动作技术的要领,提高分析问题和解决问题的能力。

(5)凸显传统体育的文化底蕴。中华传统体育类运动项目具有浓厚的民族传统文化特色,武术类运动项目的教学可强调"身、息、心"的整体统一,其他民族民间传统体育类运动项目的教学可强调地域特色、风俗习惯或生活方式等,凸显民族传统体育独特的思维方式,帮助学生理解中华优秀传统体育,增强中华民族认同感和文化自信。

二、案例视频

三、案例思考

本课以"技术、体能、运用"为核心,以运动技术为主线,结合体能,融入技术运用,在让学生掌握运动技能的过程中,将合作意识融入"以赛促学"的课堂教学中。课堂教学设计以起跳、腾空(屈膝、摆腿、击响)、落地为切入点,选择符合技术原理的教学手段,进行针对性练习,从而使学生学会原地腾空飞脚动作中的起跳、腾空及落地动作——左提膝右摆腿,右脚落地(由于学生的能力有限,可先让学生双脚落地,待学生掌握落地动作后,再过渡到右脚落地)。贯彻以"以学生为中心"的教学理念,激发学生对武术的兴趣,为培养学生终身学习武术类运动项目奠定基础。

初中二年级的学生正处于生长发育快速期,好奇心强,模仿能力强,在课堂上活泼好动,善于表达,学习兴趣易激发。但注意力易分散,自我组织管理能力较弱。因此,教师采用了多种教学手段,通过技术组合练习、音乐、以赛促练和跆拳道脚靶等,解决腾空飞脚的重难点。以精彩的武术表演作为课堂导入,激发学生的练习兴趣,提高学生练习的积极性和主动性。在教学过程中,教师充分考虑到学生的安全问题,针对容易受伤的膝关节,教师在讲解示范以及练习时,要求学生在起跳后落地的时候双手击地,以防止错误动作对膝盖造成的损伤。

本课以"技能、体能、运用"为核心设计,整节课十分流畅,一环紧扣一环,强调学生合作学习,师生同台展示,激发学生的兴趣,教学语言和教学手段的运用都较为恰当。采用"武林大会"的形式引起学生对本课学习内容的兴趣是设计的一大亮点。利用跆拳道脚靶解决本课中腾空飞脚左提膝右摆腿技术的难点,也是本课在设计上的一大创新。除此之外,教师语言具有亲和力,在这样一个公开课的情境下,教师通过语言不断地宽慰学生,让学生不要紧张,放轻松,从而更好地融入课堂中。武术作为一项具有中华文化积淀的运动项目,包含了很多深刻的含义,在学科融合的视角下,教师在教授握拳手势以及热身跑的问答环节中,利用课程思政内容来进行武术德育教育,融合了新课标中跨学科主题教育的内容,让学生明白习武的主要意义,引导学生向着崇尚武德、重德重礼、智勇双全的方向发展。

原地腾空飞脚技术是武术套路中必不可少的基础跳跃类技术之一,多用于竞技套路中长拳、南拳、太极拳以及器械套路中,属于难度技术,对学生的速度、力量以及手脚协调配合能力的要求高,所以通过该项技术的学练,可以发展学生的速度、力量和上下肢的协调、跳跃能力,以及提高学生对武术套路项目的兴趣,副教材为下肢素质组合练习,通过核心素质组合练习,提高学生的腰腹力量。

建议:①课堂教学内容以及教学过程可以进行适当调整,教师导入课堂的精彩武术表演可能会让学生产生畏难情绪,可以用原地腾空飞脚的武打电影节选来替换,以此激发学生的兴趣;②可将后面持靶的踢腿练习放在准备活动中,遵循由易到难的顺序来展开教学;③教学队形组织单一,可以不仅限于四列横队或两人一组的练习,将队伍以组为单位轮流调换起来,以提升课程的强度和运动负荷,活跃课堂气氛,充分运用上课场地。

资料来源:

1.《义务教育体育与健康课程标准(2022年版)》

2.第四届学谷大会"健康第一,体育固本"全国中小学体育名师优质课教学展示观摩研讨会

案例六

小篮球原地拍球
小学二年级 张召(大连市中山区望海小学)

一、案例背景

(一)项目介绍

篮球运动项目本身是一种集体活动,在严格的、专门的规则限制下,在规定的场地范围和时间内,以控制空间为手段,控制球为焦点,控制时间和速度为保证,把球投入对方球篮得分为目的,得分多者为胜者的体育竞技运动项目。现代篮球运动是由美国马萨诸塞州斯普林菲尔德市基督教青年会训练学校教师詹姆斯·奈史密斯于1891年发明的,并于1895年传入中国,成为体育教育和竞技体育范畴内的重点发展运动项目之一。

(二)课标要求

根据《义务教育体育与健康课程标准(2022年版)》,水平一的学生在基本运动技能学习中的学业要求如下。

（1）知道基本运动技能的内容，能说出表示方向变化、速度快慢、力量大小等的运动术语，协调发展移动性技能、非移动性技能和操控性技能，能保持良好的身体姿态，快乐地参与体育活动。

（2）乐于参与基本运动技能学练和游戏，能说出参与体育活动前后的感受；具有时空意识和安全运动意识，能在运动中做好安全方面的自我检查，与他人保持安全距离。

（3）在活动中与同伴友爱互助，遵守纪律，文明礼貌，不怕困难，努力坚持学练。

根据《义务教育体育与健康课程标准（2022 年版）》，水平一的学生在基本运动技能学习中的教学提示如下。

（1）创设生动形象的情境开展游戏化教学，引导学生模仿教师动作或跟随语言提示做动作，通过扮演某种角色或对象进行学练，如模仿熊、兔子等动物的移动方式或飞机、火车等交通工具的通行方式，提高柔韧性、灵敏性、平衡能力及自我展示能力，学会与同伴友好相处。

（2）运用启发性问题，如"能不能用身体展示一个圆形的苹果？""如何能像青蛙那样从一片荷叶跳到另一片荷叶上？"等，引导学生发挥想象力，以多种形式探索各种可能的运动，加深对不同形状及身体表达的认知，促进学生积极参与和主动思考。

（3）重视组织学生进行身体双侧协调练习，如左右手交替运球、左右脚交换跳、不同方向的追逐与躲闪游戏等，促进学生大脑均衡发展，提高学生的反应能力、身体控制能力和协调能力。

（4）注意与艺术、劳动等相结合，创设丰富多样的情境，用有创意的方式引导学生参与活动，激发学生的学习热情和兴趣。

（5）注意引导学生参与多样化的活动，如运球时进行变换方向、路径、节奏的练习，追逐跑中根据不同信号做出不同的停止动作，与同伴做镜像游戏等，丰富运动体验，培养学生对时空变化和身体变化的感知。

二、案例视频

三、案例思考

本节课的教学遵循义务教育体育与健康课程模式三个关键点的原则。从小学二年级学生的生理、心理需求出发,采用自主体验、合作探究的方法进行教学。在教学中做到精讲多练,创设多种教学情境,运用自主、合作等学习方式,采用游戏与比赛等教学组织形式,充分利用篮球场地及器材,使学生在学练中体验情境并发现问题;改进现有技术,增强学生的自信心,提高学生对篮球运动的兴趣。采用随机分组形式,利于开展游戏竞赛,形成团结协作的学习氛围,在竞争与合作学习中为学生终生参加篮球活动奠定基础。在教学过程中,重视学生的主体地位,让学生在活动中体验锻炼的价值,在"玩乐"中感受篮球的乐趣,在掌握技能的同时收获健康,促进发展,培养品质。

在课堂导入部分以提问的形式,用三个问题循序渐进地达到教学目的,激发学生思考,提升学生的学习兴趣。教师在课堂教学过程中遵循精讲多练的原则,在学生练习的过程中不断用语言提醒动作技术、多加鼓励。小学二年级学生具有好动、注意力无法长时间集中的特点,因此,教师在课堂中设计了许多小游戏来吸引学生的注意力。在游戏过程中,教师通过提示,能够启发学生思维,让学生能够按照教师设计的意图,达到预想的效果。除此之外,教师的语言生动,具有亲和力,且教具运用得当,利用圆圈标志很好地解决了学生没办法控制球的问题,从而达到预期的教学目标。

小学低年级学生活泼好动,有着较强的模仿力和接受力,主要是通过视觉来进行感知,而抽象思考能力则相对较弱。因此,教师在课中应主要以示范为主,并辅以适当的语言提示。提示是教师教学过程中必不可少的教学行为,也是教学设计中不可或缺的教学环节。教师的提示设计要关注两点:一是根据自己的教学内容、练习需要;二是根据教学过程,安排一些合理的教学提示,起到引发学生思考、提示练习要点、达到练习效果的作用。课堂中的提示都需要教师在课前精心设计,并在课上及时提出。提示本身既是教师与学生的语言交流,同时也是教师与学生思维的碰撞。教师的提示不仅是为自己的教学任务、教学目标服务,更多地应该起到调动学生思维、帮助学生完成体验的作用。

小学低年级学生的好奇心很强,而且比较贪玩,沉闷的课堂并不能集中他们的注意力。因此,在课堂教学中,教师应将有意识的注意力与无意识的注意力相结合,帮助学生长时间地集中注意力。同时,教师要创造合适的教育时机,有效地启发学生的思维,提高学生的创新意识。

在课堂教学中,教师要紧紧抓住"善导""引思""激趣""精讲"的教学要素,充分发挥教师的主导作用,尊重学生的主体地位。

资料来源:

1.《义务教育体育与健康课程标准(2022年版)》

2.基于核心素养的体育与健康课程改革理论与实践教学研讨——第五届全国学校体育联盟(体育教育)大会

主要参考文献

[1]陈琦,刘儒德.当代教育心理学[M].3版.北京:北京师范大学出版社, 2019.

[2]车文博.人本主义心理学元理论[M].北京:首都师范大学出版社,2010.

[3]陈时见.课堂管理论[M].桂林:广西师范大学出版社,2002.

[4]陈玉琨.教育评价学[M].北京:人民教育出版社,1999.

[5]蔡月桂.中学教师自我管理能力的现状及培养对策研究——以漳州市 6所公立中学的调查为例[D].漳州:闽南师范大学,2016.

[6]曹英,尹海.学校体育教学中常见的问题链与矫正措施[J].教学与管 理,2018(18):112-114.

[7]程书肖.教育评价方法技术[M].北京:北京师范大学出版社,2004.

[8]崔相录.二十世纪西方教育哲学[M].哈尔滨:黑龙江教育出版社,1989.

[9]邓和平.教育社会学研究[M].武汉:湖北人民出版社,2006.

[10]东芬.21世纪体育教师综合能力评价体系的研究[D].苏州:苏州大 学,2004.

[11]范海荣,任继祖.学校体育学[M].上海:复旦大学出版社,2009.

[12]龚正伟.体育教学论[M].北京:北京体育大学出版社,2004.

[13]古斯基.教师专业发展评价[M].方乐,张英,等译.北京:中国轻工业 出版社,2005.

[14]郭雪梅.师生文化冲突视角下的课堂管理研究[D].重庆:西南大学, 2008.

[15]哈佛大学行政管理学院行政教程系列——必修核心课程之一·行政 组织管理学[M].曾繁正,赵向标,等编译.北京:红旗出版社,1998.

[16]胡冶岩.行为管理学[M].北京:经济科学出版社,2006.

[17]黄河.人本管理理念在高校档案管理人才培养工作中的渗透思路探索[J].兰台内外,2019(33):69-70.

[18]黄志东.注重实践教学,培养和发展学生个性[J].师道,2011(11):36-37.

[19]冀伟伟.新课程改革下教师课堂管理行为研究[D].重庆:西南大学,2011.

[20]贾冠杰.外语教育心理学[M].2版.南宁:广西教育出版社,2007.

[21]贾洪洲."体育课程内容、体育教材内容、体育教学内容"内涵解析[J].体育教学,2017,37(3):22-24.

[22]金钦昌.学校体育理论[M].北京:高等教育出版社,1987.

[23]颉梦宁.体育教师课堂管理理念及其实践[J].教学与管理,2010(15):149-150.

[24]靳玉乐,黄清.课程研究方法论[M].北京:人民教育出版社,2012.

[25]季悦慧.小学生体育课堂问题行为的研究[D].济南:山东师范大学,2019.

[26]黎佳佳,黎瑛.小学生课堂行为参与差异性分析及对策——基于逸夫小学六年级的实证调查[J].现代中小学教育,2018,34(1):23-26.

[27]雅斯贝尔斯.什么是教育[M].邹进,译.北京:生活·读书·新知三联书店,1991.

[28]李冀.教育管理辞典[M].海口:海南人民出版社,1989.

[29]李艳翎.体育课程论[M].长沙:湖南师范大学出版社,2006.

[30]李耀新.课堂教学的组织与管理[M].广州:暨南大学出版社,2005.

[31]李蕊.义务教育机会均等的影响因素研究——以吴江市SL镇两所学校为例[D].苏州:苏州大学,2009.

[32]李德顺.价值论——一种主体性的研究[M].北京:中国人民大学出版社,1987.

[33]刘本固.教育评价学概论[M].长春:东北师范大学出版社,1988.

[34]刘家访,余文森,洪明.现代课程论基础教程[M].长春:东北师范大学出版社,2007.

[35]吕媛媛,陈贻珊,刘大庆,等.7～14岁儿童青少年心脏形态结构功能发育特点及评价敏感指标筛选[J].北京体育大学学报,2017,40(4):44-48.

[36]刘志军.课堂评价论[M].桂林:广西师范大学出版社,2002.

[37]卢元镇.体育社会学[M].4版.北京:高等教育出版社,2018.

[38]鲁洁.教育社会学[M].2版.北京:人民教育出版社,2001.

[39]鲁威人.体育传播学[M].北京:清华大学出版社,2013.

[40]陆有铨.躁动的百年——20世纪的教育历程[M].济南:山东教育出版社,1997.

[41]毛振明.体育教学论[M].3版.北京:高等教育出版社,2017.

[42]雷通群.西洋教育通史[M].北京:东方出版社,2012.

[43]潘绍伟,于可红.学校体育学[M].3版.北京:高等教育出版社,2015.

[44]皮亚杰.结构主义[M].倪连生,王琳,译.北京:商务印书馆,1984.

[45]岳盼.城乡中小学生体质健康状况比较与分析[J].当代体育科技,2015,5(1):34-35.

[46]施良方,崔允漷.教学理论:课堂教学的原理、策略与研究[M].上海:华东师范大学出版社,1999.

[47]皮连生.学与教的心理学[M].5版.上海:华东师范大学出版社,2009.

[48]石建忠.从勒温的场论看管理激励中的行为规律[J].岭南师范学院学报,2015,36(4):77-82

[49]斯蒂芬·李特约翰,凯伦·福斯.人类传播理论:第9版[M].史安斌,译.北京:清华大学出版社,2009.

[50]宋建美.体育教师课堂管理的实施和评价研究[J].教学与管理,2010(27):146-147.

[51]谭黔.体育教学心理研究[M].北京:北京师范大学出版社,2011.

[52]唐莹.元教育学[M].北京:人民教育出版社,2014.

[53]田麦久.运动训练学[M].2版.北京:高等教育出版社,2017.

[54]万伟,秦德林,吴永军.新课程教学评价方法与设计[M].北京:教育科学出版社,2004.

[55]王弼.老子道德经注[M].楼宇烈,校释.北京:中华书局,2011.

[56]王景英.教育评价学[M].长春:东北师范大学出版社,2005.

[57]王守昌.西方社会哲学[M].北京:东方出版社,1996.

[58]王舒.论高校教师激励机制的构建[J].边疆经济与文化,2007(12):173-174.

[59]吴建宁.体育课师生交往的特征及教育对策——以乌海市为例[D].呼和浩特:内蒙古师范大学,2011.

[60]吴健.高中体育课堂学生问题行为分析及其管理策略的研究[J].体育教学,2006(2):23-24.

[61]吴艳茹.以课堂秩序为中心的教师课堂管理行为研究[D].天津:天津师范大学,2001.

[62]吴也显.教学论新编[M].北京:教育科学出版社,1991.

[63]夏洛特·布勒,麦琳·埃伦.人本主义心理学导论[M].陈宝铠,译.北京:华夏出版社,1990.

[64]柴红.人本管理在中小学教育管理中的应用探讨[J].才智,2020(2):17.

[65]徐家杰,孙汉超.体育管理学[M].武汉:武汉工业大学出版社,1993.

[66]徐金尧,沈晓强,薛林峰.体育教师评价指标体系的构建与评价自动化系统设计[J].北京体育大学学报,2008,31(7):960-963.

[67]徐桥凤.培养服务意识 提高教学质量[J].现代企业教育,2007(10):3.

[68]许敏,许功华.刍议中小学教师服务意识的建塑[J].成都大学学报(教育科学版),2007,21(1):22-24.

[69]杨凡.小学体育教师课堂管理行为的结构与特征[D].北京:北京体育大学,2016.

[70]杨淑芹.教育学教程[M].上海:华东师范大学出版社,2007.

[71]杨天平.学校常规管理学[M].北京:人民出版社,2004.

[72]杨银儿.高中体育教师教学内容管理能力的剖析[J].运动,2012(3):108-109.

[73]岳亚平.人文关怀下的幼儿教师[J].早期教育,2003(9):10-11.

[74]张金福,刘翠兰.新课程与课堂管理[M].青岛:中国海洋大学出版社,2004.

[75]张同华.创新教育理念 实施人文管理[J].河南教育,2004(4):14-15.

[76]张志勇.体育教学论[M].北京:科学出版社,2005.

[77]赵晓燕.突出主体性原则 改革成人课堂教学管理[J].兵团教育学院学报,2001,11(1):73-76.

[78]郑崇辉.高校教师激励机制现状分析及对策研究[J].黑龙江社会科学,2008(1):188-190.

[79]周登嵩.学校体育学[M].北京:人民体育出版社,2004.

[80]周洽.建立体育教学管理评价指标初探[J].广州体育学院学报,1999,19(1):62-66.

[81]周欣,等.世界著名管理学家管理法则全书[M].北京:中国致公出版社,1998.

[82]周玉红,严德一.人本管理理念与高校体育教师管理[J].山东体育科技,2006,28(3):68-70.

[83]朱安义.课堂教学管理的基本方法[J].教学与管理,2002(31):53-54.

[84]朱智贤.心理学大词典[M].北京:北京师范大学出版社,1989.

[85]祝蓓里,季浏.体育心理学[M].北京:高等教育出版社,2000.

[86]张彩云,武浩.中小学生课堂问题行为研究述评[J].心理与行为研究,2016,14(3):420-425.

[87]张人杰.国外教育社会学基本文选(修订版)[M].上海:华东师范大学出版社,2009.